LIA 倆 倆 LIA

那一年，我在世界遇見的兩人旅行事。

WRITTEN BY 徐銘遠

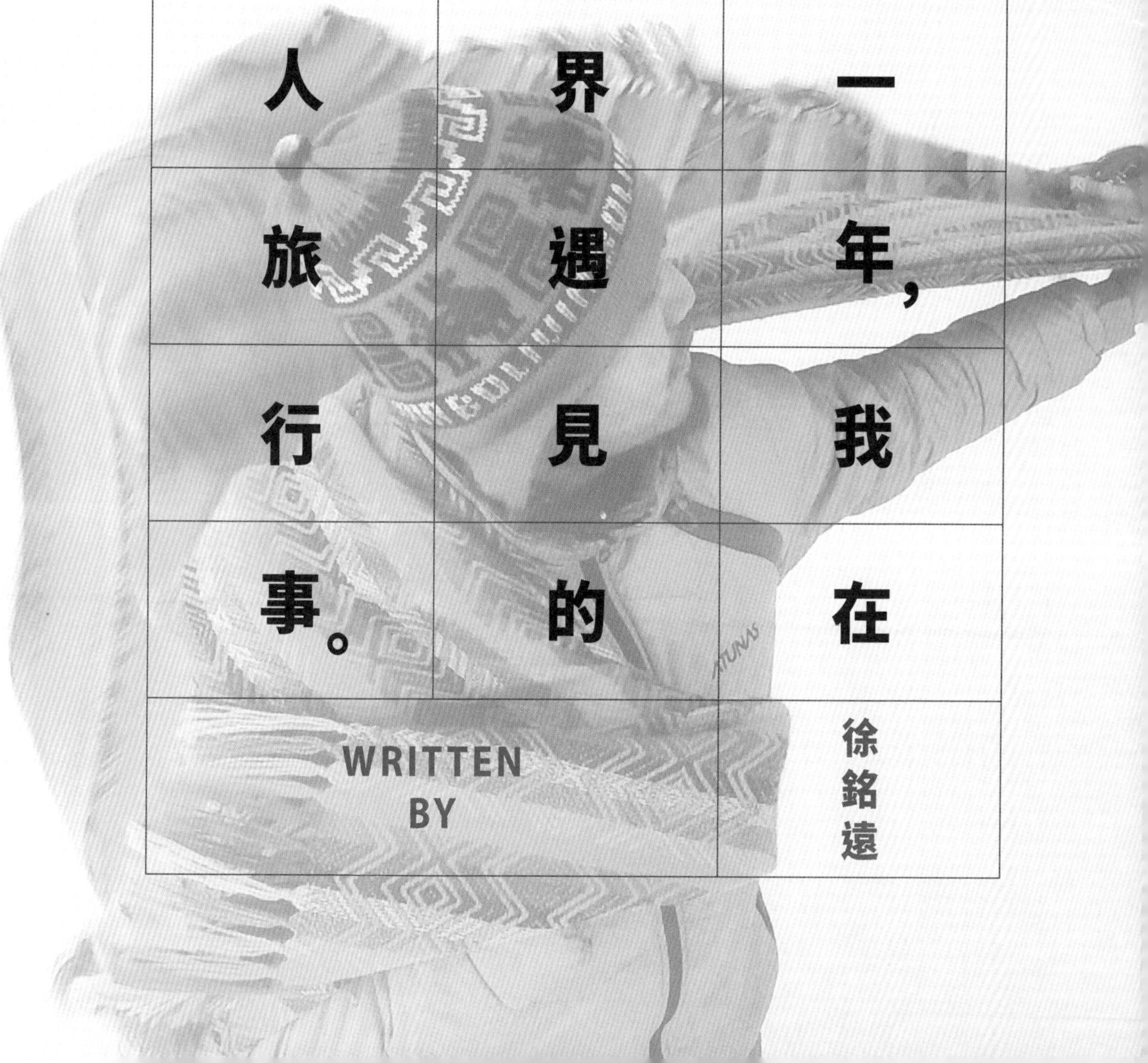

推薦序

令人驚豔的C式幽默與全球移動力

曾喜鵬

▼國立暨南國際大學觀光休閒與餐旅管理學系　副教授

▼台灣入境旅遊協會　秘書長

認識 Chester 多年，緣起於過去多次邀請他擔任活動主講人，印象最深刻的就是 Chester 在舞台上的自信與魅力，以及他環遊世界的各種酷經驗。沒想到 Chester 持續帶給大家驚喜竟然出書了，很榮幸受邀撰寫序文。

利用兩個週末仔細研讀內文，彷彿在靜靜聆聽 Chester 的一場精采分享。

C 式幽默（指 Chester 獨特的幽默感）不時讓我發出會心微笑。有些景點與文化現象的介紹，更讓我不自主地上網查資料一探究竟，跟著 Chester 的文字環遊世界，真是一大享受，想趕快邀請 Chester 再來一場無國界的分享會。

讀畢後，有些心得想與大家共同分享。

所謂國際觀

之前跟幾位朋友聊天，談到台灣每年超過一千多萬人出國旅遊，可是國際觀似乎沒有因為這些出國而提升。Chester 的文章給了一些啟發，或許過去旅人們急於在旅行中找尋新景點，而忽略了理解與傾聽而形成新觀點，這些新觀點才是建立國際觀的基礎。

所謂解決問題的能力

近年台灣高等教育越來越強調學生解決問題能力的培養，當然效果還有很大努力空間，

看完 Chester 的文章，刻印腦海中的一段是他以堅強意志力與技巧解決問題的過程，而這些問題都不是專業領域的問題，而是基本生存與生活的問題，這也給了我們教育者用更高視野看待解決問題能力這件事。

所謂跨文化適應力與包容力

談到近年高等教育的目標之一——全球移動能力的養成，對教育者來說更是困難。Chester 環遊世界的經歷中，至少指出了全球移動能力不是只有語言問題，還牽涉到許多跨文化適應力與包容力的問題。

所謂C式金句

本書每個章節都會搭配一個與內容相呼應的名家名言，我個人很喜歡。更難得的是 Chester 在文中也提出了好多金句作為結語，帶給讀者更多的感觸與啟發。

我最喜歡的是這句：「你可以選擇活得像原來城市的你，也可以選擇在另一個平行時空，活出屬於這段旅行截然不同的人生。」讓我沉思許久，也可能改變我未來旅行的模式。

忙碌的日子，讓我很久沒有專心閱讀完一本書了。謝謝 Chester 讓我有機會暫時停下腳步，跟著你的文字環遊世界，陪我度過兩個非常享受的週末下午，我也深受啟發，重新看待旅行這件事，也推薦給各年齡層的朋友們。

推薦序

這本書將世界帶到眼前

王儷凱

▼安麗　皇冠大使

聖奧古斯汀說：「世界是一本書，而沒有旅行的人，只讀了一頁。」我很喜歡這句話。在我的許多演講前，介紹我的影片中也常引用這句話。我很喜歡旅行，我喜歡接觸、學習各地的風土人情，交各地的朋友，也開拓我的國際市場。

世界這本書，我讀了很多頁，但是徐銘遠在他書中所描述的許多地方是我沒讀到的。這基本上是背包客、冒險家去挑戰世界上很多很有名、很有特色的國家地區：智利、秘魯、亞馬遜河、南極……不是一般人常去的東北亞、東南亞、歐洲……而是去了一般人去不到的地方，當然也必須付出一些代價。

作者不是用一般遊記的方式，而是用一些主題來寫，像是背包客的撇步、有特色的世界級景點、與旅伴相處的各種狀況、旅伴之間的相處之道……有些旅遊令人心嚮往之，有些經歷驚心動魄。

作者用他獨具特色的文筆，生動地勾勒出畫面，同時又給讀者提供了寶貴的經驗與撇步，對於想成為背包客的人，或是成不了背包客的人，都是很有參考價值的。

我鼓勵年輕人一定要出去走走看世界。磨練你的勇氣，增長你的智慧，提升解決問題的能力。

作者也把他從旅遊中學到的東西用在創業上。和旅遊一樣，創業過程中也沒有一路幸運。沒有遇到問題、挫折、劫掠的，但每衝過一次，我們就更成長，更強大！

裝上夢想的翅膀，「不走出去，眼前就是你的世界。走出去，世界就在你眼前！」背包客是個經驗，我更願年輕人懂得創業的奧秘，早日享受到財務自由以及時間自由，在旅

遊時能夠不受預算的限制，點餐不用看右邊（價格），能夠更沒有壓力、隨心所欲地欣賞這個世界的奇觀美景！

推薦序

看見年輕人可貴的壯遊智慧與勇氣

盧克文
▼陽光基金會 董事

剛開始看著《倆倆：那一年，我在世界遇見的兩人旅行事》，並以「世界迷走，狂亂心靈」作為思緒主軸時，心想該是怎樣的作者，膽敢用心理學書籍來歸類旅遊？

仔細細讀，發現這是一本很特別的旅遊工具書，且從中你肯定會找到與作者一同環遊世界的樂趣。尤其書裡真實地說出實際環遊世界時，可能遇到的困難與抓住開闊人生視野的機會，以及人生迷走時當下的樂趣。

有一段提到「防盜防搶金錢管理術不能不知道」，讓我憶起陳年往事。

有次我進行商務旅程時，在法國被歹徒盯上，不自覺也被下手得逞。當時我正在五星級飯店的櫃台排隊 Check in，正與夥伴們談論等一下的行程安排時，就在瞬間我嗅到「怪怪的」的氣息，一轉身發現與行李掛在一起的公事包突然不見了。

我立即請服務員調閱大廳的攝影機，發現一位中東人容貌的小偷在彼此掩護且手腳俐落地順手牽羊，就取走了我的公事包。

無聲無息。那是一種強烈的沮喪與挫敗感。

另一次發生在從荷蘭回德國搭火車時，我正在火車站站台等車，突然有三個人從遠方慢慢靠近我，手法出神入化得我眼前的公事包就憑空消失了。當時也是聞到「怪怪的」的氣息，但卻不明原因。

我立即詢問周遭的人是否有看見我的公事包，怪的是沒有任何人發現異狀。

旅行的每個片刻，都無法預料下一秒有甚麼危機即將發生。但絕對不要因此阻止了你探索世界的那份可能性！

本書我特別喜歡〈Thief Out 想成為旅行大師，這些防盜防搶金錢管理術不能不知道！〉這篇文章。因為看完以後我只有一種感覺，早知道看過這本書就可以做好許多防範措施來防備！

其中幾個實用的概念是我很喜歡的，如「最省空間」洗髮餅、「最高科技」防臭袋，都讓我這常常出國、出差、旅遊的人，對整理行李及如何在城市旅行間輕鬆轉換，感到特別有用。

另外，因著我在台灣各地辦的「天使來會克」活動，偶然承辦臺中秋紅谷生態園區的魚可文創執行長文蓓蓓介紹，認識了本書作者徐銘遠 Chester，及其所創辦的沃克未來文化有限公司。他在臺中所建立的國際導覽品牌 TC Time Walk 團隊，馬上也被邀請到我的「天使晚餐會」活動中分享。讓我驚豔的是，TC Time Walk 在臺中舉辦的雙語導覽活動，也讓許多年輕人喜歡參與其中。

他在書中寫道，透過參加了南美洲智利聖地牙哥的 Walking Tour 被感動以後，回到台灣的他，認為台灣應該也能有這樣對旅客友善的旅遊機制，於是開始了他的創業。

天啊，真的是太灑脫了！

更令我欣賞的是在本書後段所提到，旅行者在旅途上的相處之道，詳細道盡了許多男女的相處心得，非常值得旅行中參考。

如今我見到他也正經歷創業的艱辛旅程，四年過去了。

他所創辦的TC Time Walk台中時空漫步，瀕臨倒閉兩次、人員重組三次、轉型經營兩次……有著國內外自助旅行全英文服務人次達五千人次以上的經驗。

我也不禁思考著，這樣的年輕人該來好好幫他一把。

在觀看這本書時，我感到就像是神遊世界大觀園一般。期待每一位年輕人都有這壯遊般的智慧，及用勇氣闖蕩出自己的世界迷走及狂亂心靈後，還能重新沉澱出「全世界的城市都有，台灣不能沒有」的豪氣向前，將TC Time Walk帶到全台灣的各個角落。

總之，這本書將讓你對旅行有著全新的啟發，敬請拭目以待！

作者序

為什麼 要出這本書？

徐銘遠
Chester Hsu

▼本書作者

一陣轟聲雷動，春天的驚蟄吵醒了睡夢中的我。

無法再次入眠，因為過往的記憶像是老舊的幻燈片播放器，一張張打上了腦海中的投影板。

那是，自己對三十歲以前許下的願望。

那是，小學二年級國文老師發下的綠線白格紙。

那是，第一行空四個字寫下的〈我的夢想〉。

沒人相信，懵懵懂懂的稚嫩童言，在紙上畫下的色彩塗鴉開始跳躍上了真實世界。

那一晚，降下的春雨正好適合環遊世界書春芽的萌生。

那一段，好久無人問津的奇幻旅程，睽違幾年我依舊放不下，挪動不去心的激盪，下筆如有神，催生出這份來自世界的禮物。

如果真要說這是一本旅遊書，你不如把它當作兩位旅人或是關係緊密的兩人在旅行中的心靈激盪過程。

「在關係裡沒有對錯，只有不斷看見最底層的自己。」

在那山那海那人的世界穿梭旅行，日日夜夜生命連結在一起最多的時刻，是兩人在一起。儘管眼前的大山大景亮麗動人，當下兩人的思緒不一，腦海中留下的絕對是複雜且難以言喻的他的容顏。

兩人旅行的畫面是共享的，如果你願意開始瞭解，旅行中看見的多少，來自於你對同伴瞭解多少。那兩人遇見的旅行風景，將會取決於彼此間在瞭解與不瞭解當中所平衡出的

旅行狀態。

希望閱讀本書後的你和妳，攜著可能出發的另一人，開始為你倆計畫。

重點不在旅程，在於你們是否準備好兩人出發。

兩人出發，常常一人回來；兩人出發，鮮少兩人回來；兩人出發，不小心三人回來。

不論怎樣都好，身為旅行愛好者的你，看了本書後將更享受兩人在旅行中發生的大大小小事。

給自己的人生禮物

時間推移到剛回國的時間，這本書早在四年前行將出版，沒想到卻像維基解密一般，直到時間到了才公開。

在環遊世界回台灣後，很快就有出版社找上門，總編輯心裡的激動透過他的言語可以清楚感受到。因為兩個人出去再回來寫成一本書絕對是今世大作。

尤其是兩位一邊寫作一邊旅行，在「背包客棧論壇」連續刊登十五次都迅速被置頂的旅行部落客。

但回國的忙碌生活、漸漸崩壞的關係及「環遊世界回來到底要做甚麼」的種種難題，對於剛回到台灣的我們，一切都不太能適應。最後決定停止了我倆的更進一步關係。

在這之後的數年，每每欲提起筆，卻又因記憶中反覆出現的畫面是兩人的，而非自己。傷痛開始擴散無法停歇，最後還是選擇將思緒靜止。塵封這樣難能可貴、卻也難能碰觸的過去。

傷口撫平需要時間，直到今天這本書才順利出版，因為這段故事已受到祝福。如今我倆已不是當年的我們，各自有了家庭及期待未來美好的人生。

而這本書將完整呈現環遊世界時的記憶，並永久保存下來給未來即將兩人旅行的你們。原汁原味的男女旅行狀態是旅行人一生不忘的回憶。最美麗的風景是人，而最可貴的人是在路上與我遇見的所有風景。

愛無先後順序，很感謝妳環遊世界與我同行。

在這，我將三十歲前的環遊世界禮物，獻給看見本書的你。

Contents

Chapter 2 他，和她，和他們

Chapter 3 換個角度思考，旅行的一百種可能

Chapter 4 男女想法大不同，你的她真的和你想的一樣嗎？

緣起

Journey

緣起

種下一顆
「驛動」的種子

哪裡開始，哪裡結束。
一場籌備兩年半的環球「侶」行！

人生苦短，
不要浪費時間
去過別人希望你過的生活。

——Steve Jobs

三百六十九天的環遊世界旅行落幕了……

奇蹟似的，一對懷抱著回來將有所不同的旅人，若無其事的彷彿一年前，前腳剛踏出國門，後腳就已飛越世界一周。臉上沒有多幾道被壞人擄走欺負的刀疤，手邊沒有多一個 Rimowa 行李箱。

肚裡！？當然也沒有多一個未出世的小屁孩。平平安安，攜手回到了熟悉的桃園國際機場。

這一切就像時鐘指針倒轉一圈，不一樣的是，腳底皮厚了一圈，而我長大了一歲。

想當然，如果我說我們的旅行故事，**開頭和結尾完全相同**，聽到的朋友可能會先設想：「**就說吧！何必浪費一年的時光去旅行，不拿去賺錢買房。**」接著雙手一攤，以過來人的姿態嘲笑我們幾句，**更堅信旅行等同於玩樂**，沒甚麼見長。

↗
Journey Antarctica：
夢寐以求的企鵝世界。

顛倒過來想想，也許這本環遊世界遊記的故事架構，本身就不存在著……

這本書不像〈第一次旅行就上手！人生勝利組該有的旅行方式？〉這樣深具吸引力的標題，置放在台灣知名書店裡，永遠能擠進架上排行榜第一名的商業書刊篇章；反倒是一開始我就想，它應該更適合那群，喜歡將自己隱匿在兩書架間隔中，恨不得擁有一整年可以放浪旅行的旅咖們。正為著現實和理想該怎麼權衡傷腦筋著。

而我說：「現實和理想的距離，需要一串問句來作橋梁。」

如果真有一天**老闆要求你停止手邊工作，給你一整年的長假盡情去做你想做、愛做的事情。此時人生放緩的你，會想做些甚麼呢？**

「人生的老闆常常是自己。」

記得與環遊世界旅伴交往之初，女伴曾問我說：**「為甚麼你這麼想要環遊世界旅行？這對你來說意義到底是甚麼？」**

我搖搖頭笑著說：**「為甚麼在還未執行一件事情之前，都預想把它貼上一層標籤？做到了就表示人生再度在另一個領域得標，做不成是不是就代表人生的失敗呢？」**一個設有框架的夢想一開始就走到了盡頭。

「也許我想做的不過是一段傳承。」

或許未來有一天，在我的孫子受挫失意、當下找不到人生方向時，我蒼老的雙手慢慢

Journey Chile, Rapa Nui：
復活擊島唯一長眼睛的摩艾。

從生鏽的鐵盒中，拾起過去那張已泛黃的世界地圖，瘸簍地到他的面前說：**「爺爺在你這年紀時親身走了世界一圈，並在各地埋下了數不完的寶藏。爺爺希望你能帶著這張地圖，到世界去把它們挖出來。」**接著假裝病倒……

我的嘴角上揚。

但事實上，我拿給他的不過是一張再普通不過的世界地圖。在他出發以後，這張地圖的意義也開始有了不同。地圖瞬間成為開拓他人生的手電筒，將過去腦海中對世界的陌生、恐懼和灰暗緩緩照亮了起來。

也許，他會在擁擠的印度火車上遇見知己；或許，他為了才剛認識不久的俄羅斯少女道別而傷心。

這些都可能在他尋找世界寶藏的任

那一年，旅行足跡 →→→

2014 年

3～6 月　大陸內陸雲南、四川、甘肅、新疆絲路
6～9 月　柬埔寨 ELIV 常駐志工
10～12 月　南美洲阿根廷、智利、南極

2015 年

1～2 月　南美洲祕魯、玻利維亞、厄瓜多、哥倫比亞
2～3 月　中美洲墨西哥、瓜地馬拉、貝里斯
3～4 月　美國美西、美東、阿拉斯加極光

Journey U.S.A, Alaska：
幸福極光，一生一定要來一次。
↓

何一秒鐘發生，但他似乎仍然遍尋不著寶藏的蹤跡。

直到某天月黑風高的夜晚，他躺在異國旅店的床板上，突然領悟到**爺爺根本就不曾埋下任何寶藏，真正的寶藏其實早在一開始就握在他的手中。**

是他，用這張地圖決定該把寶藏埋在這個世界的哪裡。

是他，大膽地向世界邁進，不是世界靠近了他，因為世界原本就在那。

送一根釣竿教野人如何釣魚，遠比給他魚吃來的有前瞻性。最起碼他會轉動尚未開化的大腦，思考該怎樣讓自己存活。

二〇一四年三月，一對懵懵懂懂的旅人雙雙拋下工作，決定在三十歲以前給自己一個挑戰，用一年的時間背著大包環遊世界。

如果你說：「**嘖！這不就是小情侶旅行曬恩愛，巴不得讓別人知道你們有多甜蜜呀？**」

我會說，這世上其實沒有所謂的天生一對。結婚三十年以上的老夫妻，旅行回來可能分房睡；旅行途中遇難而拆夥的情侶不嫌多。

到底是甚麼樣的魔鬼藏在男女旅行的細節中？

這本環遊世界遊記，獻給即將倆倆捲蓆出走的男女旅行者們，請帶著它前往未知的路上。在機場吵架時、餐點意見不合時、客運巴士等車時、伴侶轉身就走時，腦袋不斷想著：

「他到底在想甚麼啊？」

在各種不知道為什麼的不知所措情況發生時，請翻開這本書再讀一遍，有機會它將成為你們旅行中的情感潤滑劑。

人對了，看甚麼風景都美。而心情對了，甚麼樣的旅程都已無所謂。

在文字劃開夢想旅途的前一刻，很感謝與我共度環遊世界旅程的妳，願意將我放進那曼妙人生裡的百分之一春夏秋冬。

也許路途上的遭遇不盡然都是美好，但那些有妳在的日子，肯定是我人生中璀璨的時光。

徐銘遠

2020.03.07.

CHAPTER 1

想要去外面「浪」，無論是「流浪」、「浪漫」，還是「浪蕩」，都是要有撇步的！

Metro 1.1

!

永遠別想搞懂的世界地鐵系統！

旅人的目的地並不是一個地點，
而是看待事物的新方式。

——Henry Miller

老實說，對於每次來到一座新的城市，必須站在售票亭前罰站長達五～十分鐘，東張西望尋求幫忙，僅為了知道：**「這該死的地鐵到底該怎麼坐？」**

這件事情我感到十分厭倦。

↑
Metro Chile, Santiago：
南美洲各城市的地鐵站
都有美麗的風景。

我想每位旅人都有相同的經驗：「一輛類似時空移轉機器的箱子來了，接著被半推半擠地塞進裡頭。從這座陌生的都市角落鑽入地底，一片漆黑，唯一能聞到的是汗水味、香水味、口水味，二十分鐘後在都市的另一個角落竄出地面。」

周而復始穿梭來去，像一群蟻窩的作工螞蟻。

方便之餘，我仍舊不明白，這項一八六〇年在英國倫敦發明的第一個地鐵系統，向外發展至全世界迄今已一百六十年的時間，怎麼還沒有一個全世界通用的購票ＳＯＰ（標準執行流程）？

像是一臺**世界統一模式**的購票機器，讓不論來自哪一國的旅客都能第一次買票就上手；或是一個**倒數計時秒數一致**的閘門，讓我永遠抓的住：「何時該跑，何時不該跑」的完美時機。

這樣美麗的錯誤，讓旅客們有機會開始經歷世界各國神奇的地鐵系統，就算某天拿到一張像纏繞畫的地鐵路線圖或是一不小心沒刷卡入站被警察勒索，也只是稀鬆平常的事罷了。

地鐵圖的十萬個為甚麼

在厄瓜多爾的首都基多，當地人最常坐的大眾交通工具即是地鐵。

與其說它是地鐵，不如說是路面電車。全程皆走在路面上，重點是收費超便宜，印象中從都市東邊車站進站，或躺或臥睡了一個多小時，好不容易來到西站下車，一刷卡。

「嗶——嗶——，**0.25** 美元。」眼睛都明亮了起來。

「世界上哪來這麼便宜的收費？」坐到屁股痛的我說。

美中不足的是，這樣的地鐵路線圖打開就像一只卷軸，張開雙手無法一覽全貌，甚至打開沒注意隨時肘擊臨座。

世界地鐵圖長度居冠，只差沒在展開的奏摺處寫上：「**欽此，皇帝詔日。**」

在阿根廷首都布宜諾艾利斯（Buenos Aires），曾拿過一張堪稱「史上最多功能的地鐵路線圖」，它將地鐵，輕軌，火車，客運，高鐵，甚至是都市的知名景點加上３Ｄ立體圖，通通印在一張Ａ４大小的紙張上。

讓拿到的旅客無不震驚佇足，紛紛掏出口袋的手機並裝上魚眼鏡頭，不是為了拍照，而是要看清楚上面的站名字母到底拼的是甚麼？

而我倒是合理的懷疑，每個城市的地鐵站，都有一個專門負責設計地鐵圖的人，可能是工作太枯燥無聊，所以想方設法來點不同。

靈光一閃，把所有可以躺在一張紙最多的建築、交通資訊湊成一旅行懶人包，好讓上級知道他也是動過腦筋的。

但每天在電腦前的他可能不知道，「**懶人都是坐計程車的啊！？**」

墨西哥美好印象

印象在墨西哥首都——墨西哥市停留的幾天，是地鐵旅行最放鬆的時刻。

與過去常看的美國西部牛仔片，認知到的墨西哥充滿毒梟是兩個世界。

在這裡的人們生性熱情，穿著 Zara 的流行長大衣，走在歐式古堡風的磚式伸展台，以及深邃的臉孔對來自外地的我們說聲：「Hola!」（西語：你好）。

某一次，在匆匆忙忙鑽進地鐵站準備趕車前往景點時，竟忘了攜帶 Day-Pass 地鐵一日券，且身上的錢寥寥無幾。正東張西望不知如何是好時，一位身著貼身警察制服，徘徊在地鐵站的女警慢慢走近了我們身旁。

「來了，來了，不會是要上演公眾勒索的戲碼了吧！」緊張的我開始胡思亂想。

「你們兩位，要去哪裡？」女警問。

「我們要去中央醫院站。」我用著破西文回答。

「歡迎來到墨西哥，你們直接過閘門，我幫你刷。」女警親切地比了個手勢，最後不忘一句 Bienvenido（西語：歡迎）。

這樣美好的經驗，足以將中美墨邊境的隔閡印象一筆摧毀。

墨西哥的地鐵系統總共十二條路線，每條路線都有清楚的指標，如同台北的捷運系統，在靠站前有不同語言的廣播，每位乘客也都非常守秩序，沒有一絲好萊塢電影的刻板印象中，墨西哥人該有的犯罪端倪。

有趣的是，在前往的每個地鐵站都有一個明確的圖形標示，剛開始以為是一般的辨識圖形，經過了幾次上下車後，我竟然發現下車所到之處的景象，和圖形上畫的關聯性十足！代表該站名是絕大部分人來到這裡將前往的標示圖形。

千年前流傳的馬雅文明象形文字，從這樣的新舊交替情景來看，無疑是同一血脈相傳呀。

來到智利，請入境隨俗——噴香水

最讓我們有深刻記憶點的是智利首都聖地牙哥的地鐵系統。

當初以為，這是南美第一個踏進的國家，不做點功課怎麼對得起來過的前輩。

於是在網路上拼命地搜尋捷運坐法，但找到的是：

地鐵站內沒有空調，只有灑水系統配上一工業用大電風扇；

沒有人愛排隊，列車一到馬上衝進去是最佳策略；

沒有人不噴超濃郁的激情香水；

沒有色狼、小偷不在你周圍。

這類有也好、沒也罷的雞肋資訊，最後勉強收藏在口袋中。

於是某天，閒來沒事我認真地規劃出「**聖地牙哥知名景點地鐵一日遊**」，一早就從A車換B車、B車換C車……等等，想到各大名勝景點朝聖。

Metro Chile,
Valparaiso：
船港景色一隅。
↓

一路上該遇到的一個都沒有少，且和前輩說的一樣。

在充滿汗水、香水、口水的密閉空間內，我們雙眼瞪大看著每一位可能的嫌疑犯。並用念力傳達：「**不要偷我！**」

一整天下來我拿著那張被劃滿記號的破爛地鐵圖，在都市裡轉來轉去，心滿意足地當自己已是城市裡頭的城市通。

隔天，偶然參加了一場在地人舉辦的「Walking Tour」在地人帶你玩的深度活動。跟著走著、走著跟著穿梭在城市裡頭，突然間導覽員帶我們從一條小巷子彎出，才驚覺眼前的建築和畫面，竟和前一天搭乘地鐵走上階梯的畫面一模一樣。

不同的是：「從 Santa Lucia 到 Plaza de Armas 走路才五分鐘。昨天我們千辛萬苦為了到這，轉車轉到濕汗淋漓，還被色狼抓了一把屁股一次胸……」

「街頭藝術表演不只在武器廣場周圍出現，沿著 Agustin 街前往總統府的路上，還有一堆非常在地的藝術表演呀。」

前一天佇足許久以為是城市難得的風景。今天由導覽員帶，一下就將整個城市的景點在腦海中瞬間串連了起來，且全程用「走的」都能到。

回頭想想，何必前一天花這麼多錢坐著地鐵在地底下穿梭來去？

「**太陽底下的新鮮事可多著。**」

在晃了世界大半圈後，我由衷地想對即將前往世界搭乘地鐵的乘客告白：「永遠別搞懂各城市的地鐵系統，愛旅行的你們就該用雙腳去記憶這整座城市才行呀。」

在地旅行資訊

在世界各地大型、中型以上都市皆有當地的導覽組織做免費都市導覽（Free Walking Tour）。
這篇文章裡所參加的 Santiago Free Walking Tour 是由 Tour4tips 這支團隊所舉辦，為 Tripadvisor 第一名的在地活動團體。
不只是歷史古蹟導覽，也有經營主題式導覽，如酒莊、建築、古蹟……等不同路線，幾乎都不收導覽費，只需要給「小費」。
推薦大家可多多參與地方導覽活動，省錢又能交朋友。

Metro Mexico, Teotihuacan：
古老的阿茲特克遺跡佇立著，等待。 ↘

Equipment 1.2 !

背包客裝備大不同，聰明小物讓旅程更舒服！

世界是一本書，
而沒有旅行的人，只讀了一頁。
——St. Augustine

不知道從哪聽來的傳聞，「背包客不背背包還叫做背包客嗎？」

有如繞口令，正著念倒著念都刺耳的道聽塗說，還真苦惱了我們許久。

↑

Equipment China：
大理旅人最重要的一刻，
就是千里跋涉找旅店。

到底是為了「**背包客 v.s. 拉箱客**」之名而旅行，還是要將六十升大的背包拉鍊解開與空姐必拉款、集時尚於一身的 R 牌行李箱細數良莠？

直到某天，一位在我面前背老奶奶過馬路的好心人偶然出現，我才知道大背包的祕密竟藏在這巧妙的人體工學中。

這天，行動緩慢的老奶奶走在凹凸不平的突起斑馬線上，因為駝背的關係看不太到警示小綠人秒數，蹣跚的步伐、石階的縫隙加上不可思議的車水馬龍八線道阻礙前進，像極了東西德戰線裡搶壕溝的士兵們，一坑滾向一坑。好不容易來到該死的百米斑馬線中央安全島。

這時，一位年輕人跑向老奶奶的身旁，比手畫腳任聲音隨著車輛被瘋狂撵走。最後似乎他說服了頑固不願受幫忙的老奶奶，背上她三步併兩步迅速來到斑馬線底端。

當頭棒喝。

原來當一位背包客的重點不是那背與不背的名，而是如何扛起那如老奶奶重量的大背包，跨越一段又一段漫長旅途，並無數次竄進第三世界的擁擠沙丁魚包廂，接著抵死對抗那些望向出口的階梯人潮。

決選的畫面令人難忘。但我想說的是，老奶奶的故事還有個後段。

在我們準備「**旅行物品攜帶清單**」的前夕，我才發現一個驚人的事實。

我的旅伴房間放著的正是一只大行李箱。於是，我們開啟了一連串的心靈對話。

麻雀變鳳凰？鳳凰變麻雀？

男性旅客們注意了。

如果伴隨著你身旁女伴長大的枕邊故事，是有名的勵志童書：醜小鴨如何變天鵝、麻雀終有一天也能成為鳳凰……等大家耳熟能詳的催眠大師名著。

那在漫長的旅途當中，男旅伴視角絕對可以想見的，是一齣比蜘蛛人男主角 PETER PARKER 被咬後，隔天早上手吐蜘蛛絲還要離奇的女旅伴蛻變過程。

但請注意，以下所說絕對不適用於生物學中「變態」這樣的字眼。

因為漂亮的蝴蝶女伴旅行蛻變的同時，外表並沒有不同，但從背包的重量來看，肯定是少了幾磅重。

以下是環遊世界女旅伴的筆下描述：

一位從拖拉行李箱優雅旅行的公主，緩慢變成背起五十升專業背包客的這段過程，遇到最大的困難和挫折是：「腦子裡還覺得自己是去渡假，想要拍好看照片，穿漂亮的衣服，準備打包喜愛的裝飾小物。」

但實際上，裝載行李的背包容量大小並沒有我想像中足夠的發揮空間，常常還得對天喊著：「**天啊！我的背包已炸，這根本裝不了甚麼東西呀！**」

這時擅長背包旅行的男旅伴，以一個家長檢查書包的心態高坐在沙發，而我則像小朋友一樣被要求把背包裡面的東西一一拿出來檢查。

Equipment Taiwan：
背上這身裝備出發去！

擺在眼前的當然全都是我的愛衣戰袍。

男伴：「你想一下，最冷最冷最冷的時候妳都穿些甚麼？」

我指了指大衣和鋪綿長褲，心有不甘地說。

男伴：「那除了這些一定要帶之外，**其他的可帶可不帶，而且妳包包只塞衣服就滿了，那其他東西怎麼裝呀？**」

突然驚覺一切不太妙，這個環遊世界好像一點都不好玩，喜歡的東西不能帶，又要隨時擔心被搶被偷的壓力，要不我回去乖乖上班吧！

在這有限的裝填容量中，我漸漸開始學習精簡行李，盡量選擇用最小體積、最輕重量的同等功效物品，但不忘要用聰明的小物來顛覆背包旅行「只有髒」的謎樣說法！？

接下來，和我們來場優雅又時尚的背包客旅行打包術吧！

聰明小物讓旅程更舒服

「最高科技」防臭袋

旅遊時穿過的髒衣服與乾淨的衣服，通常都擠在包包的同一室，無法分房讓臭氣與香氣擠在同一空間，就像坐進令人窒息的慢速老舊大樓電梯，不期而遇進來一位香水美女及剛打完球的男大生獸味籃球衣。

兩相接觸獸味合併，包包內的味道一下就淪陷了。

所以我們建議，髒衣服用塑膠袋分開裝，而內衣褲的部分，建議可以買日本M牌的防臭袋來收納，因為特殊材質可以讓臭味暫時不會外散，對於旅行時不能天天洗衣服的女生來說絕對是貼心設計。

「最省空間」洗髮餅

對於長髮的女旅行者來說「該如何洗好頭？」肯定是掙扎許久最後雙手舉高投降的老議題，因為要挑選好的洗髮精，又要方便攜帶不太重，同時找到兩全其美的洗髮品還當真比登天還困難。

在長久的旅行中，最令我不敢想像的，是每天背上背下那罐笨重且容易「掐倒」的液狀物恐怖景象，上飛機下飛機氣壓變化OUT、火車工人隨意丟包OUT、背包包太累不小心放太大力OUT，無時無刻不考驗這包包終結者的能耐。

雖說洗髮精這種民生用品可以到當地再買，以節省背包空間，但如果背包內曾經有液體打翻的經驗，弄得包包裡的東西全部遭殃，那你絕不會希望再遇到第二次。

這時，不如就選一塊好攜帶又能洗好頭的的洗髮餅來替代吧！

「最多用途」長效潤澤護膚霜

整趟環遊世界旅行，女旅伴諸多評選中最必須帶的，竟是某E牌的潤澤霜。

據女旅伴說，**這是一款號稱「王菲膏」的潤澤神級物品，不只香港巨星王菲隨身必備，**

Equipment China：前往南疆喀什的火車上，異域味道濃厚。↙

連英國皇室查爾斯王子去南極也帶這條。

一直以來都不知道，原來我們從小生活的美麗海島，其濕度驚人到我們皮膚對於「過乾」的警覺早已沉睡。

在離鄉背井的十四小時後，嘴唇的記憶通常最先被喚醒。

「嗶嗶……這裡似乎不是終年濕度85%以上的台灣小島，我、我、我好乾呀！」

接著嘴唇開始躁動，從唇緣開始呈現冰河崩裂的景觀，有時抵擋不住它擴散到嘴邊，一個不小心就變成日本怪談裡的裂嘴怪了！

對從小不用任何保養品，甚至是洗臉都用清水、崇尚天然的我，最後也被一句「**聽說英國王子也在用**」給收買了。

也許，不喜歡帶太多保養品的背包客們，當來到南極、全身乾裂到不行時，腦袋想起以上那句話，緩緩從口袋中拿出一條潤澤霜，嘴角也會噗哧笑出來吧。

↑
Equipment Bolivia：
路上撿來的娃娃。

以下是來到乾燥地區，最需要保養避免乾裂的幾個地方：

1. 最容易顯現的部位：唇部，拍照好看還是保養一下吧！
2. 最容易癢的部位：皮膚，鎖住肌膚水分可以讓肌膚不會乾裂。
3. 最容易突然間跑出來的部位：指緣，有時候連拿東西都會痛。

「最小確幸」快乾毛巾／乾淨枕頭套／馬桶坐墊紙

長途旅行坐大眾交通工具無法避免，但在十七小時的中國火車上，一個小確幸小東西，真能讓「**旅行中的不舒服**」想大聲罵髒話的聲音縮小了點。

1. 一條快乾的運動毛巾：

搭乘長途火車最令人害怕的，不是床鋪舒不舒服，而是隔壁鄰居身上的味道重不重。

若是很不巧的，體味重的是自己，這時就要考驗另一位夥伴哪天離你而去。

一條神奇的快乾毛巾，沾水後從頭擦到腳，在短暫的兩小時能快速晾乾，拭去身上的味道算是小事，隔壁鄰居若是考慮到無法在三秒鐘用毛巾將其致命，那在毛巾噴上點香水蓋在自己臉上，我想十七小時的火車依舊能進入甜美夢鄉。

2. 一塊乾淨枕頭套：

承接著快乾毛巾，其實我不是一個好睡的人，雖然常聽見旅行大俠說：「**那一夜，我因為火車硬座沒位了，所以夯不啷噹站了十八小時，也睡了十八小時。**」

旅行上的道聽塗說，信三分都算是多了。至少六小時這樣的長途旅程睡眠時間依然要滿足，當一塊乾淨的枕頭套鋪在十三億個可能染有頭蝨的後腦勺枕頭上，睡個舒服好覺肯定不擔憂。

3. 一包馬桶坐墊紙：

據說，老外第一次看見亞洲的蹲式馬桶時，大罵了一聲！

「都甚麼年代了，這原始人般的馬桶我根本不知道怎麼上？」

座式馬桶在歐美國家能夠稱霸不是沒有道理的，但殊不知亞洲人能夠迅速解放的強大技能非外邦民族能了解。

這包馬桶坐墊紙，可讓女背包客們來到世界各地的廁所，不再說這句：「這些尿尿容易分岔的男人啊，偶爾能射準一些嗎？」

一段乾淨又舒服的旅程不難，你需要的是這些聰明小物。

Thief Out !

1.3

想成為旅行大師，這些防盜防搶金錢管理術不能不知道！

在森林裡有條岔路，
而我選擇了
那條人跡罕至的路繼續旅程。
——Robert Frost

出國旅行最怕碰到的事情是甚麼？

小包包永遠背在前面的友人Ａ答：「**歹徒四下無人當眾搶劫？**」

身上永遠不帶卡的友人Ｂ答：「**提款機密碼盜刷偷竊？**」

不敢用英文殺價的友人Ｃ答：「**不小心坐上駱駝，結果花了十倍的服務費才下來？**」

鮮少出家門的友人Ｄ答：「**半夜鬼敲門不小心開門，恐怖旅社劇情真人上演？**」

而你心想「**嗯……以上都對啊。**」但如果問一百個人其實就會有一千零一種不一樣答案。因為旅人對未知恐懼的形象如同《怪獸電力公司》裡的劇情，腦袋的被害妄想在歹徒還沒靠近，就接二連三發射出驚嚇電波。

於是開始在網上搜尋出無止盡的防偷防搶攻略。

「**網路所教的很有效呀，不是嗎？**」

其實在尚未踏上南美洲這塊土地前，我們曾在網上查到一段從「背包客棧論壇」一位大神所發出來的旅行警示：「來到南美洲，沒有被偷被搶不叫去過南美洲。」

乍看之下，不知到底是對即將來到這的人一種威脅，還是對已打勾「**被偷被搶事項**」的人們一種讚賞。

百思不得其解。

↑
Thief Out Bolivia,
Lapaz：
兌換所附近
東張西望的老人。

其意思就像是一位當完兵四十年的男人，每每話題聊到「**下部隊**」三個字，腦袋將自動開啟導航模式，開始話當年到三更半夜，說到一把鼻涕一把淚。最後一句：「**你沒經驗會怕？先簽下去就對啦！**」

如果你即將踏上南美洲旅途，請仔細閱覽本篇的防範未然術。

至少在**令人無法想像的事情**發生後，心情緩和下來時，還能用低沉的音嗓學起大師口吻說：「**一位在江湖走跳的旅行者，不能沒有兩下子。但就算我做好100%防偷防搶的準備，也時時刻刻準備著被偷被搶呀！**」

錢該放哪兒，不放哪兒？

相信絕大部分的朋友都有出國旅行的經驗，不論是付錢給旅行社當大爺，或是自助旅行走到斷腿。不管選擇哪一種，最重要的當然是「手邊」先預放一筆錢，到達當地可以盡情消費。

但出了國總會出點小差錯，像是到達幣值甚小的國家，一出兌換所即變成億萬富翁，嫌錢太多不知道往哪花，沒多久就因為就地喊價沒學精、當地語不會講，一不小心演出一段潑婦罵街的戲碼。

為了讓大家出門在外依舊秉著「**消費有理，敗家無罪**」的優良傳統。錢怎麼放，該放哪兒就看這吧！

出國在外好多貴重物品要帶在身上，但放同一個包怕被偷，分好幾個包又嫌麻煩，到底該怎麼辦？

據我「**看第一眼就知道誰像小偷臉**」的豐富旅行經驗。金錢分散法是最常被各國旅人採用的方式，亦即別把所有雞蛋放在同一個籃子。

凡住過背包旅館的朋友們，這些招數可從各國旅客的身上學到。像是放在大包包內夾層、小包包內裡、名片夾、鞋墊腳底下、書本第一百二十五頁、塞入櫃子夾縫裡……等，雖然在藏起來的當下，會感到自己怎麼如此冰雪聰明，放在這「**你不說我不說就沒人知道**」的神祕位置。

但總是在需要支付相對大數目的金額時，東摸西找，**最後自己就解鎖了你不說我不說就沒人知道**的神祕位置。

本以為只有亞洲人會這麼做？

在我們觀察了世界各國的背包客藏匿法後，竟發現我們算是高手。在各國旅店辦理入住時，不時看見藏錢「**太私密**」的男女老外當眾脫褲摸索、或從胸前奶罩裡翻找。在旁準備收錢的老闆乾瞪眼，而一旁的旅客（可能是歹徒）放下手邊的行囊不由得拿起筆記。

「**下次還是別放（來偷）這吧。**」不同視角，不同看法，筆記起來。

重要的是，你不說我不說沒人知道的錢還是沒有找到！

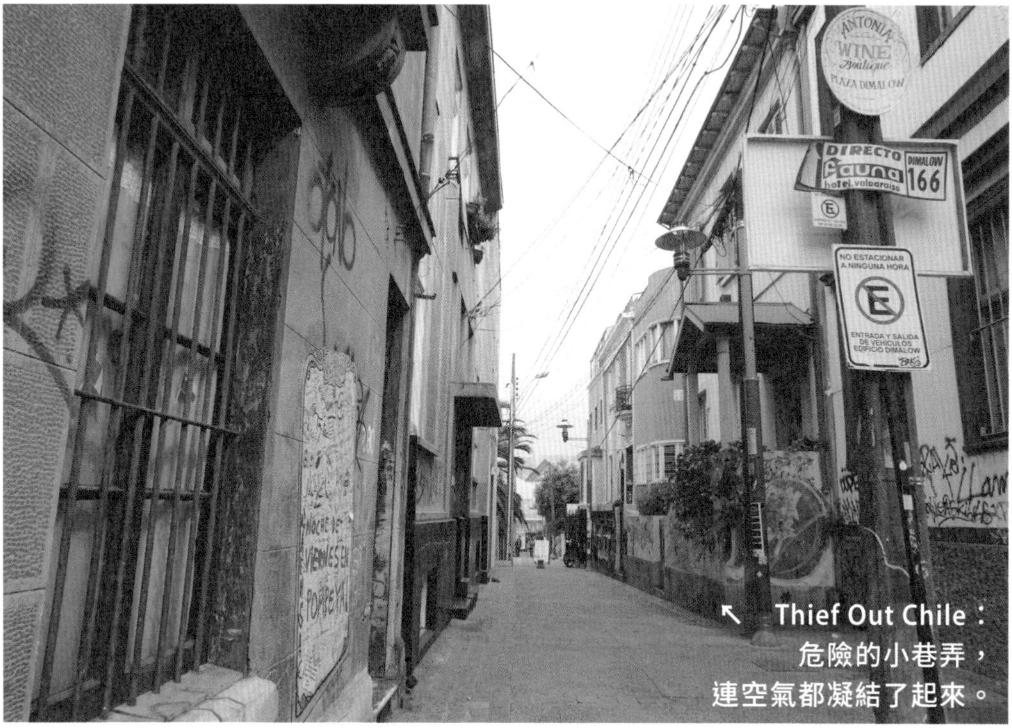

↖ Thief Out Chile：
危險的小巷弄，
連空氣都凝結了起來。

連歹徒都嫌「偷這裡太麻煩」的金錢管理術！

「再怎麼藏，小偷都知道你藏在哪裡。」

藏匿的重點不是放哪，而是學會分配。將金錢分成三等份是最好的方式。

第一份或是最多的那份，多半是大面額鈔票。

放在最隱密之處，同時是自己最熟悉、記得住的地方。像是貼身小袋、伸縮力超強的魔術腰帶、或是可以將外褲縫個內袋。

如果在縫紉時遇上裁縫店的阿姨（是非常好心從小看你到大的那種），這時記得請跟她說聲：「**先不要、先不要。**」

因為絕大部分好心的阿姨，送外褲去縫一個內袋，回來「**所有的破洞**」她都幫你補好了，這時一件 Levis501 膝蓋自然破口潮流

Thief Out Argentina,
La Boca：
水手移民區智利首都，
最危險也最美麗的地方。
↓

褲，馬上淡然從時尚界登出！

第二份或中間的那份，零錢、零鈔則放進自身口袋或皮包中，若是長夾可以攜帶另一旅行小包置放，迴紋針、登山扣環可成了防盜好朋友。

將小包雙邊拉鍊上的孔洞用迴紋針、扣環扣上，下次在歹徒鎖定你的包時，他可能會抱頭大喊「**What the Hell.**」

最後一等份或最重要的那份，又稱危難時的保命錢，約為一百美金或一百歐。

用防水袋包好放在你最不會注意到的地方，可以是行李的最裡層、鞋墊下、褲子的內縫袋……等。一個你永遠都記不得但在危急時刻找到會痛哭流涕的地方。

沒錢了，刷卡總行吧！

刷卡雖然簡單容易，手續費相對低，但風險卻很大。

記得剛開始背包旅行時，曾與小Ｋ（目前為國內知名旅行品牌的王牌領隊）闖蕩埃及，在泰國轉機時櫃台人員說：「**要拿登機證必須要出示刷卡的那張 VISA 卡做驗證才行。**」

當下沒想太多，就立即出示了信用卡，沒想到抵達埃及的第一天，小Ｋ的信用卡就獲家人通知被盜刷；一個緊張馬上回溯被刷卡的位置，竟然是歹徒在歐洲網路商城盜刷了五筆，共十一萬台幣的來福槍。

心思如麻的小Ｋ整趟旅程在開頭的第一天就像旅途已來到尾聲。

沒錢了，不就領個錢嗎？

沒錢了，那到提款機**領錢就行了吧！**雖然手續費比較貴，但免去了被盜刷的風險。

先前曾在背包客棧大廳聊天時，聽到幾個誇張的盜刷手法。

來自英國的Ｍ說，在中南美洲有許多「假提款機」。當提款卡放進去，按完密碼領完錢之後，提款卡的帳號和密碼從此被這台機器記住！

「**提款機旁裝著針孔攝影機。**」Ｍ略顫抖地說。

不知情的狀況下，當Ｍ再一次領錢時，他戶頭裡的錢早就被提領光，而一段長達兩千公里的旅程正等著他。

旅行書不曾告訴你的——提款機防盜法！

為了讓身上別帶過多的鈔票成為受害目標，出國前我想出了一套獨家防盜法。在你的任何一間銀行帳戶，開通兩個帳戶。分別為帳戶A及帳戶B，並同時開通網路銀行。此時設定：

A帳戶卡片為國外可領錢，卻只放少部分存款。

B帳戶卡片為國外不可領錢，但可放大部分的存款。

未來於國外需要提領大筆的金錢時，可預先在網路銀行裡將「足夠的錢」從帳戶B轉存到帳戶A裡，接著領出。

這樣的話，就算小賊要盜領，也只能偷領走非常少部分的錢。絕大部分的錢仍然在帳戶B裡頭。

這樣是否聰明多了呢？

如果我已經被搶被偷了，下一步到底該怎麼做？

提醒大家，人在國外身不由己，保命才是第一原則。

如果真遇到歹徒強盜要當面搶劫，那該怎麼辦？

二話不說，乖乖的、緩慢地假裝找尋身上「第二部分金錢」給他，然後兩手空空說「That's all.」，請記得裝作害怕樣。

在「好心」的搶匪釋放你以後，請迅速離開案發現場。但先別急著記錄回國時該用甚麼口吻告訴親友，如何大戰搶匪三百回的故事。

因為比故事更戲劇的是，你有可能找到兇手！

不如先熟悉如何讓自己獲救吧：

1. 記錄下搶匪是否有開車的車牌或是臉部明顯特徵。
2. 跑向最近的警察局報警，並要求做筆錄，請他開證明。
3. 打電話或直接前往最近的台灣駐外單位求救。

旅外救助指南

建議在出國之前先上網印下駐各國的台灣經貿辦事處地點及電話，以備不時之需。

◎ 中華民國駐外單位網站連結

https://www.taiwanembassy.org/portalOfDiplomaticMission_tc.html#ALL

由外交部領事事務局建立的「旅外救助指南 APP」（Travel Emergency Guidance）堪稱旅行者的好幫手，內容超級豐富，包含前往國家之基本資料、旅遊警示、遺失護照處理程序、簽證以及駐外館處緊急聯絡電話號碼等資訊。

◎ 外交部領事事務局：旅外救助指南（Travel Emergency Guidance）

https://www.boca.gov.tw/cp-92-246-b7290-1.html

你說你沒經驗會怕？防偷防搶招數先準備起來！

Thief Out Peru, Cusco：
牽著草尼馬的拍照阿嬤。

Booking !

1.4 訂房莫宰羊，原來小細節在這裡！

旅行對我來說
是恢復青春活力的源泉。
——Hans Christian Andersen

身為一位忠於原味旅行的自助背包客，可以為了省錢背上包包一走十公里，或是坐上目的地未知的當地巴士僅為了追求在地生活感。但有件旅行每日必做的大事，是說甚麼背包客都想避免，那就是——**訂錯房**。

↑
Booking Argentina,
Bariloche：
背包客最會做的料理，
是自己學煮的當地菜。

想像你千里迢迢搭上三十七個小時的鐵屁股巴士，跨境來到下一座未知的城市，酸臭的皮膚以及疲憊的心靈，一腳踏進兩天前訂下的旅店，原以為即將跳上的是軟綿的床鋪和洗上十分鐘才甘願的熱水澡。

真實的畫面是，放下後背大包，馬上聽見行李接觸傾斜地面的陳舊聲，與隔音甚差從隔壁牆面滲透進來的美國放克音樂。這時心急地打開水龍頭泛出來淡黃色的噁心水，還有縮肚子硬擠勉強才能通過的房間窄道。

這是一間小到不行，貌似老舊車庫改裝的十人上下鋪房。

「**天啊！一分鐘都不想待在這，但訂房網的畫面不是這樣說的呀！**」

老實說這樣的背包旅店，在世界中還真是不乏遇到。

俗話常說：「**遇到好的老師帶你上天堂、不好的老師帶你住套房。**」

但旅行中若真是「**選錯房**」不僅上不了天堂，還可能像在住牢房！

好在荒謬不羈的入住經驗和多達上百次的訂房練習，早讓我們記下所有的教訓並寫上這篇背包客絕對私藏的「訂房莫宰羊」。

不論未來你旅行到甚麼國家、甚麼城市，仔細閱讀以下提示，讓你在尚未入住之前也能僅透過網站提供的幾項訊息，拍著胸膛轉身向身邊的迷途旅伴說：「來！下一站（國）住宿我來訂！」

訂房莫宰羊小細節在這！

迷思一：掛牌的房價也高得太誇張，是嚇唬人的吧！

透過網路訂房是現代人必備的基本技能，就像上Y拍購物一樣容易。它可以閱讀網友評價、觀看幾張特別被修飾的房間一隅，但我們不論翻閱幾個訂房平臺，常常到了旅店櫃檯抬頭往上看，才發現……

「網路上訂房的價格怎麼跟櫃台掛牌的錢怎麼差這麼多？」到底為甚麼會這樣呢？

【莫宰羊小細節】告訴你：

這樣的情況最常發生在中國大陸，在十一連假排行榜前幾名的觀光戰區，像是五星級景區的麗江或是錢塘江浪潮來勢洶洶的鼓浪嶼。每年都湧入百萬人潮，常常打開網頁頁面連續幾個月訂房皆顯示滿房的奇景。

但實際上來到目的地，說是想拍照不如說想逃跑，滿滿的人頭鑲在照片上還真讓人看了噁心。而飯店們的策略當然是在旺季時把房價提高並在大廳掛上牌，讓過路客感受到一房難求競爭激烈；但到了淡季，鎮上淒涼，連小貓也慵懶地不露面，拉不下牌照的飯店櫃檯也就索性把它放著了。

這時只要你上前殺價，三折？兩折！似乎成交，最後還真被你住進去了呢！

↑
Booking China：
納拉提草原借宿到
哈薩克民族家，
立馬變成小朋友玩伴。

迷思二：訂了房才知道，今晚到底含稅不含稅？

各訂房網站針對「服務費」的顯示規定不同，我們常常訂房太快疏忽了它，一到飯店才飲恨發現——費用沒算到訂房手續費，足足被削了一層皮呢！

【莫宰羊小細節】告訴你：

各國家對於旅宿業的徵收稅務有所不同，但最後都添加在旅客身上。

一般來說，會有一筆訂房手續費，有些訂房網站仔細看會發現加收 12% 的服務費，這時可以點進去看說明，瞭解到底是甚麼費用。

但更有些國家專為旅人住宿所設計，竟然超乎想像收到 20%！原來是連增值稅及城市稅都算在旅人的頭上了，你說這樣還捨得住進去嗎？

迷思三：YH 會員卡可以一卡打天下！？

我想很多人都聽過 Yo-Ho Card，YH Card……等，這一類世界聯名的背包客棧所發的會員卡吧！

據說只要擁有這張卡，住進旗下的 Hostel，不論在世界的哪個角落都可享有 10% 的優惠！

【莫宰羊小細節】告訴你：

即使是擁有同一品牌的會員卡，也不是每間旅舍都有打折的啦，因為他們其實是有分派系的！

通常這一系列的會員卡有適用地區限制，且主要據點偏向美國和西歐。

但到了中南美洲或是中國內陸，看見房子＋樹木（YH 聯盟的 Logo）機率幾乎是零，且來自當地人的心聲呼喊，我們在某次聊天對話聽見了不可告人的真相。

「通常加入 Youth Hostel 聯盟的 Hostel 收費都偏高。」

記得我們在地表最熱城市——新疆吐魯番旅行時，曾聽見白駝青年旅館老闆表露真情的告白：「加入聯盟幹啥子？錢沒賺比較多，每一年還收一筆保護費呢！這是幹甚麼嘛這是……」

雖然聽起來挺刺耳，但一路上的房價仔細想想還真是沒少付過。

細思極恐，現在你知道多出來的聯盟入會費都是誰在付了吧！

迷思四：背包客最愛住背包客棧，不是因為他窮的只買得起一個床位！

背包客票選最熱門的住宿型態非 Hostel 莫屬了。說是價格低廉，不如說買一個床位還能獲得免費使用公用設施讓人覺得欣慰。

一般來說，每間背包旅店都有提供免費 Wifi、共用廚房、公共電腦。好一點的可能附贈免費早餐、鎖櫃；更頂級的，甚至是每晚有熱鬧的氣氛帶動活動讓人連住三天哪都不想走。

一個人的旅行不孤單，兩個人旅行吵架了在這也能找到櫃台聊聊撫慰心情的創傷。

但也因為每一間Hostel的型式多有不同，每次住進一間新的Hostel時，感覺就像玩戳戳樂一般，好壞不一但卻想一試再試。

【莫宰羊小細節】告訴你：

國外背包客棧百百種，令人哭笑不得的經驗卻挺常有：

1. 晚上洗澡沒熱水，因為是太陽能熱水器，先洗的人先贏。
2. 住在上鋪的室友高富帥，夜晚喝醉女伴共搖床。
3. 客棧附設酒吧，來玩的人比睡覺的人多。
4. 入住時多付一筆押金，退房時以收據領回，但往往收據不見，錢就不見了。
5. 六坪大小的車庫裡頭塞上8張床，密集度好比香港「鏜房」。

當然，也有令人開心的幾類情況：

1. 周末入住，假日舞會免費享用紅酒喝到飽（Chile, Santiago, TheTraveller's Place Hostel）
2. 買一份床位提供早、晚餐當地料理（Mexico City, Amigo Hostel）
3. Buffet免費吃到飽（Argentina, Ushuaia, Cruz del Sur Hostel）
4. 櫃臺小哥帶著玩，當地景點遊不完。

5. 拼車（共乘）、拼食（共食）聽故事，待在背包客棧比出門還好玩。

原來背包客所愛的一張床價值，在於它的完美記憶點服務。

訂房操作祕訣，仔細瀏覽條件及評論參考

訂房網站百百種，在使用前建議先熟悉一下它的操作模式，並把握以下幾個原則，口袋裡的荷包就能寬裕許多！

以下以我們常用的 Booking.com 為例：

價錢（Cost）：

- 以床位計價的方式，仔細瀏覽住宿條件，選擇四人房的住宿品質比七人房好。
- 預計入住三天，可在網路上先預訂一晚，待抵達旅館確認住宿品質再決定是否續住（適用淡季旅行）。

評價（Comment）：**「住在哪裡，決定你怎麼看這座都市。」**

- 是否有熱水。

Booking China：
新疆喀什的背包客棧，
每天都在拼車、拚食，
好不熱鬧。↘

- 冷氣或電扇。
- 離巴士站／機場遠近。
- 隔音好不好？主人友不友善……等都是必須考慮到的因素。

「僅剩最後一間」真的嗎！？請多用幾個訂房軟體搜尋

各個訂房網站提供 Hostel 的名額不同。例如：Booking.com 訂房不需先收訂金，在前一天取消也不會有手續費，所以提供的床位名額也有限。Hostelworld 必須先付訂金，所以拿到的名額相對多一些。

所以當 Booking.com 沒空位時，可以改用其他平臺搜尋看看！

像是：Hotelscombined、Hostelworld、Agoda、Hotel.com、Trivago、Zizaike、Trip.com、Airbnb、Asiayo……等。

訂房太麻煩，你也可以這樣做

在嘗遍各種住房酸甜苦辣後，現在的我在前往下一個都市旅行前，會先上網查詢一至兩間評價較好的旅館，並抄下地址，到達目的後再前往實地察看，這樣可以降低網上訂房陷阱。

【小提醒】

抵達時間盡量是「白天」，才能有充裕時間找住宿。安全因素考量，晚上請不要讓自己在路上遊走。

另外，亞洲背包客的美德——殺價，也請在該殺的時候不要手軟。因為殺價是網路上沒辦法做的事。而我們發現，入住的旅店通常只要入住三天以上，且常在櫃臺前搏感情，費用還能持續往下！

像是有次在柬埔寨旅行時，我們連續三十天住在Hotel Freedom，談判以後竟成功的獲得六折優惠；更有趣的是，我們也曾用打工換宿、廣告交換的方式，換到了連續一個月房價高達一天八十美金的房間呢！

旅行呀，就是來到另一個城市生活。

你可以選擇活的像原來城市的你，也可以選擇在另一個平行時空，活出屬於這段旅行截然不同的人生。

Antarctica Ticket！

1.5

想去南極！那你最好提前半年做準備！

和所有大旅行家一樣
我去過的地方比我所記得的更多
而我所記得的比我看過的更多。
——Benjamin Disraeli

自從知名旅遊節目主持人Janet登上南極，在企鵝的豆眼注視下完成美美婚紗照以後，華人的百度、谷歌搜尋引擎瞬間暴增了幾個關鍵字：南極婚紗、新郎不是我、趁冰川融化前去看看……等，彷彿人生圓夢不能沒有它的憧憬字眼。

Antarctica ticket Antarctica：企鵝與破冰船的邂逅。

「是呀！人生就像讀一本書。我要為夢而活，不能活得像我爸媽一樣，一生只翻一本。」一位喜歡旅行的中國女驢友在一間充滿設計感的文青旅店客廳大聲說道。

雖說聽起來就像是九〇後放浪不羈式的說話風格，但把字語去頭尾更換一下。

「我要改變人類對於手機的使用習慣。」同樣是對未來充滿妄想，五〇後賈伯斯一手創造的蘋果王國卻也都是作夢般的話語起頭。

去南極跟上火星差不多

「去南極跟上火星差不多。」

這大概是八〇後的華人孩子在心目中給南極的最高封號，不能再多。

這封號的涵義，不在於它與台灣的距離多遠、多近，而是小時候到動物園看國王企

鵝時，那樣黝黑的圓滾滾身軀配上眉飛色舞的黃色眉毛，整體似人型與似鳥型的結合，讓大眼汪汪的我認定火星人肯定和南極企鵝有關。

當然，每位溺愛孩子的家長，書櫃裡少不得的暢銷書——百科全書小知識更加功不可沒。

「那是一個多麼遙遠的國度呀！雪白靄靄的冰山覆蓋著千年冰凍的大地，靛藍色的冰底透露出沉睡的氣息，一點一點的企鵝們像小芝麻般潑灑上一盤碎冰，好吃又好玩！這就是南極。」

直到近年來聖嬰現象、氣候暖化的訊息無孔不入的滲透進你我的生活，南極的距離好似拉近再拉近。

南極有危險了，大家還不快去！？

記得前陣子，我的大陸旅行驢友小主，轉發了一封留言數超過一萬則的貼文給我，順帶附上了南極之旅邀請函。看了差點沒吐血，但也讓人感受到偉大祖國的召喚。隱隱記得文章是這麼說著：**「這年頭的年輕人辛苦了！小時候爸媽叮囑長大後一定要買房、買車。長大以後你功成名就有車、有房，以為五子登科人生發達了。但有件事情可能你終生有錢也買不到？那是祖國在南極的長城科考站對你的招手懷抱，趁冰川還沒融化前來一場南極**

夢幻之旅吧！」

短短十年內，數以百計的中國人湧入南極，榮登上南極旅遊的第二客源國。漸漸消失的世界地平線，連同著世界第六大洲一併納入壯遊版圖中。

但南極只有一個，國際南極旅游組織協會（IAATO）也規定一次登陸的人數限制是一百人。意味著再多的船到達南極好似也無法保證能夠登陸。

去南極，真的危險了。

上不上火星也許不重要，但跟十三億人爭一張船票可能真讓人意想不到！

學會買票，先懂得省荷包

南極地理位置

單單知道南極在哪裡，並不算厲害。厲害的是，知道該如何到達。

目前全世界有前往南極的船港，用手指即數的出來。

最熱門也最多船班的是阿根廷的烏蘇懷亞（Ushuaia），接著是澳洲的Hobart，最後則是船班最少的智利PuntasArenas。

很多人常問說，幹嘛大老遠跑到南美洲等船，離台灣最近的Hobart就能一圓南極夢呀！如果你知道，一趟從澳洲出發二十四～二十六天的南極之旅最少要價一萬四千美元，我想在看見數字之後的第一件事情，應該是用手指比出位數，再面面相覷傻笑吧！

Antarctica ticket Argentina,
Ushuia：
世界的盡頭城市 —— Ushuaia。
↓

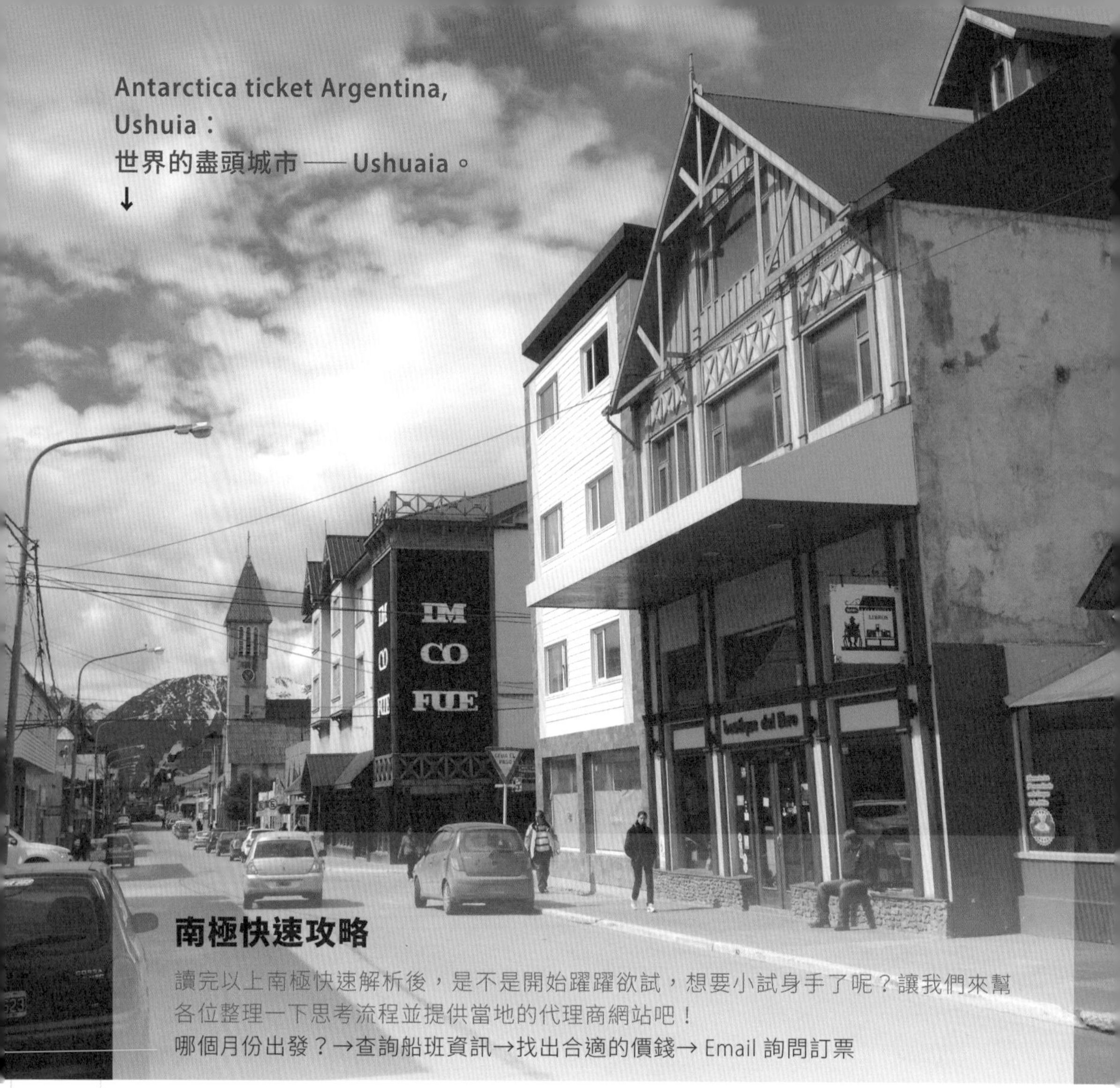

南極快速攻略

讀完以上南極快速解析後，是不是開始躍躍欲試，想要小試身手了呢？讓我們來幫各位整理一下思考流程並提供當地的代理商網站吧！

哪個月份出發？→查詢船班資訊→找出合適的價錢→ Email 詢問訂票

代理商網站：

http://www.ushuaiaturismoevt.com.ar/web/

烏蘇懷亞旅行社：

包含所有在 Ushuaia 出發船班的班次，也常在最後兩個月內做 Last Minute 促銷。
參考 1：http://www.adventure-life.com/argentina
參考 2：http://www.chimuadventures.com/
參考 3：http://www.antarcticatravels.com/
參考 4：http://www.gadventures.com/trips/antarctica-classic-in-depth/XVAESX/2014/
重點就是要貨比三家，多寫信去問問，而我們的方式是看哪一家的回信比較不官方，且會主動提供更多便宜資訊的旅行社，還有經營的時間多久，也可以加入他們的 Facebook 粉絲專頁自行選擇好壞。

南極旅程費用

記得當初在國內打上「南極旅遊」興奮的同時，總會看見許多旅行社的報價而深吸一口氣，接著關掉網頁打消想出發的念頭。

「南極夢想現正啟航——高端獨家享受。十六天二十五萬元起。」

好在善於背包旅行的旅人最大特色，就是告別昨日在背包客棧認識的舊朋友，邂逅今日帶來驚喜的新朋友。

旅費太高就換個方式拆開來看。一般來說，前往南極包含兩部分的花費：

花費一：從台灣前往阿根廷，並從阿根廷前往世界最南端都市——Ushuaia。

花費二：從 Ushuaia 出發前往南極，不同船型、天數、座艙等級有不同票價。

前者的花費包含：

1. 台灣到阿根廷（Buenos Aires 機場）的機票（約新台幣五萬元）
2. 從 Buenos Aires 到 Ushuaia 的來回機票（約新台幣一萬四千元）
3. 阿根廷電子簽證費 USD 250（三十天內，截至二〇二〇年四月駐阿根廷台北商務文化辦事處）

以上是不吃不喝不到其他地方玩耍的最基本費用。

後者的花費，原則上是以冒險者財力雄厚的程度來決定的。但也只能說，當想登上南極的人變多了，費用也會一衝直上。

從 USD3,599 ～ USD19,700 任君挑選，但搶便宜也不是沒有門道。

眉角一：季節決定你荷包的薄厚——開船月份十月底到三月中

由於南半球的季節與台灣相反，十月中正好是初夏，南極海域融冰的開始。大部分的企鵝還在築巢、孵蛋，較少在路面上走動，船的班次陸續增多。十一月到二月為旺季，小企鵝紛紛跑出來路上逛大街，船票較貴。三月則是觀光尾聲，企鵝都回海裡過冬了。

【小提醒】

聰明的旅人都知道，每艘船的船位及船型都不一，從一艙四人間、三人間到雙人高級套房都有著令人看到會噴飯的差價，搶便宜的旅人可以選擇十月、十一月、三月來到南極，且務必半年前就陸續和當地旅行社接洽。

眉角二：找個適合你的方案

同樣買一條褲子，不同的版型會給予穿上的人不同感受。

Classic Antarctica Cruise 和 Antarctic Explore：Discovering the 7th Continent Cruise 這

兩個是南極入門的基本款方案。

通常基本的南極體驗為十～十四天，大約會有三～四天踏上陸地與企鵝來個近距離目睹的絕佳機會。如果對南極的渴望僅只於登上陸地喊出：「我的一小步將是人生一大步。」的你，那真的是完成夢想的好方案！

【小提醒】

「近距離」可不是真的近到可以在企鵝旁邊打拳擊，因為南極不屬於世界上任何一個國家擁有，企鵝當然也是。為了不讓「骯髒」的人類身上病菌有機會跑到他們身上，我們將不會走在企鵝前進的路徑上，而是在一定的距離觀看。

眉角三：尋找適合的船型

MV Ushuaia 和 MV Expedition 為相對划算的遊船，考量到每次南極上岸的人數只能一百人，在船上會有解說教學課程與體驗課程，若是人太多品質相對會變差，而此二船的容納人數在一百二十人恰恰好呢！

窮遊大師不私藏偷留下一手

旅行人沒有走不到的地方，只有意想不到的方法。

一般來說，許多販售船票的公司在離開船的日期尚有一～兩個月時，會開始把販售不

出去的船票或是已經訂位但尾款繳不出來的艙位做最後的限時搶購！

正因為這消息太過划算，一張票可能省下四百到五百美金之多。

世界各地的人彷彿著了魔，竟都群聚在世界的盡頭，等候那天上掉下的南極船大禮。

這些第一手消息，會用一張像是廁所衛生回收紙捲的紙張，潦草的字跡加上迷人的價位，公告在當地的旅行社及居住的旅店角落中。

展現出低調卻又奢華的旅行家精神啦！

Antarctica ticket Argentina,
Ushuia：
在世界的盡頭背包客棧裡，
永遠有人在等待 Last minute ticket。
↓

2

和他，和她，和他們。

CHAPTER

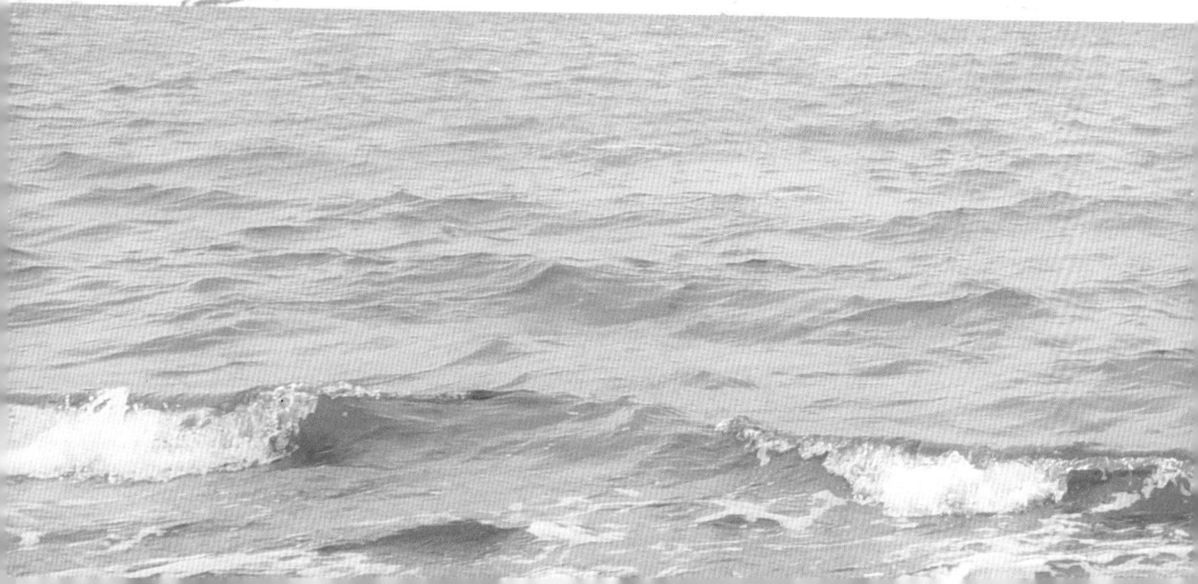

2.1 跟著我們去南極！

Classic Antarctica Cruising！

你能做的最大冒險，
就是過你夢想中的生活。

——Oprah Winfrey

出航的那天，世界盡頭（Fin del Mundo）的天空蕭蕭降下一場小雪。地面的薄霜，遍布烏蘇懷亞小鎮的大街；雖然窒礙難行，但經過街上的極地裝備小店，毫不熱鬧地裝滿準備前往南極冒險的各膚色人種。

「是誰說，世界盡頭的小鎮一定是冷冷清清？」狐疑的我說。

Classic Antarctica Crusing
Antarctica：
企鵝攝影技巧十足！
↓

一幢幢灰色調的小鎮屋頂，搭配五顏六色的極地冒險裝穿著。愈顯快速的心跳「撲通撲通、撲通撲通」，不斷將我的雙腳推向港口。就像囫圇作夢一般，上一段回憶還在痛苦的三十七小時大巴車輪戰，下一段落回神我已站在比格爾海灣的港岸。

遠方聽見大船入港鳴笛的聲響，看似叫醒陶醉夢中已久的人們。比格爾海峽的海，吹過遮掩不住上揚嘴角的我的風。如實如夢。

「不等了，先上船吧。」我若即若離地說。

南極破冰船「烏蘇懷亞號 M/V Ushuaia」

相較腦袋模擬過千百回的「南極遊輪旅行」，此次搭乘的烏蘇懷亞號和想像中有些許距離。

印象中，南極船的想像約莫是**「甲板能當排球場，船身繞一圈剛好是慢跑暖身的距離，船頂建置一百米標準游泳池、船艙內有賭場娛樂。」**

站在港岸定眼一看，烏蘇懷亞號和腦補的遊輪完全是兩個樣貌。沒有以上印象中該有的設備，卻有曾在海軍服役過的我望見的相似影像。

「這艘貌似已去除軍事裝備、人員和藹可親、外表完全塗白的拉法葉艦，就是我搭乘去南極探險的船呀？」

登上艦橋，排在兩側的船員很有禮貌地跟我們打招呼，並招呼我們來到船艦裡頭參觀。

「看這階梯的陡峭程度，我想這十一天應該有得受（瘦）。」大概是我對這艘即將相處數天的船，內部結構可做出的唯一評價。

船上可活動的範圍不多，交誼廳、餐廳、房間、甲板上、控制室……差不多就這樣吧。

對一個旅客來說，雖然船內可移動的空間不多，但在船艙的這些日子卻樂趣無窮！有說不完的話，攪和著一百五十位來自世界各國的探險家；有五星級的 Buffet 饗宴，伴隨留下的口水以及翻攪的腸胃；最令我感到驚豔的是，原來這艘船上還載著數名各領域的專家學者，幫世界各國的探險者做深層的知識準備。

在某個外頭一片漆黑的夜裡，佐著一杯香檳欣賞百年南極紀錄片，搭配英國腔歷史學者的精湛解說，讓來到南極的探險者們，回顧一百多年前第一個登陸南極極點（South Pole）的偉大先驅 Amundsen。

偶然抓住一刻鐘，德瑞克海峽呼吸換氣的短暫時刻，阿根廷動物學家領著探險者破門而出登上上層甲板，左右比劃海峽空中的飛禽，口裡快速念著那聽三次也不懂的鳥類學名，任隨它的名字隨風被帶走。連同搖晃的船，在一旁列隊的是跳躍海豚，更遠方能看見白鯨冒煙噴水。

每天兩次的南極生態課程、詳細的企鵝種類、海獅、海象如何分辨的各項知識，讓南極這過去感到神祕的國度，如今不是那麼陌生。

相較南極的居民們（企鵝），終年在黑白兩色的冰山雪景前是最自然不過的樣態。

而身為人類的我們才是那獨特且違和的存在，正癱軟在鐵皮銅牆後，吹著冷媒處理過的恆溫二十二度C冷風，望著下雪的窗外品嚐那一罐人工發酵後的啤酒。

才想到這，船身即開始似地震般上下左右的搖晃，我嘴巴上說沒事，但身體卻很誠實。強忍著嘔心，心想出大事了！

On The Road 邪惡的德瑞克海峽（Drake Passage）

依循著航行軌道前進，早已傳聞想要到達南極，必須經過「德瑞克海峽」的考驗。

「難道真有深海大章魚不成？」開玩笑的我心想。沒有章魚的襲擊，但有深海洋流的海底下較勁。

德瑞克海峽位處世界兩道主要洋流的交會地，深海的攪動平凡，時而衍生出海上的頻繁波動，一個不小心浪可能高過船身。

進入海峽後的烏蘇懷亞號船身開始高幅度地劇烈擺盪，本以為爬上船長控制室觀望360全景，能平復想吐的嘔心感，沒想到看見的景象像好萊塢災難片的開頭。

「窗外的風景一秒內望向天空，下一秒又看回大海。一波又一波浪沖上艦首接著甲板被淹沒。」

空氣中傳來陣陣惡臭，那是艦長旁的垃圾桶，但被打翻了。

Classic Antarctica Crusing
Antarctica：
智利科考站。
↓

仔細看了一下，心想：「**天啊！就連身經百戰的南極破冰船船長都能將之吐滿，那我還勉強甚麼？**」

喉嚨原本努力不打開的賁門括約肌頓時鬆開。

我開始享受拿起嘔吐袋恣意狂噴，接著用最緩慢地速度，爬回房裡癱軟。

夜晚的房中

這時候說甚麼能停下嘔吐的方法我都會相信。於是旅伴建議不如躺平睡覺吧！

「**聽說睡覺能治百病，不是嗎？**」這句話我認同。

但我更清楚知道，接下來的幾個小時會是本航行最難熬的時刻。

夜晚平躺在船艙的鐵板床上，以為是減低船身搖晃的最佳姿勢，卻也是月黑風高夜裡魔鬼肆虐的最佳時機。

因為在房裡睡覺的畫面，像是《大法師》電影場景。

各種可能飄浮起來的東西，在這時候都呈現擺動狀態，如果你沒選擇把它連同自己也綁起來，那你會有意想不到的收穫。

首先，你將聽見風浪「轟隆轟隆」有如魔鬼低沉的嗓音先傳入耳中，接著身體被地震般不規則的搖晃盪到與地面呈四十五度角，這時繫上安全帶絕對是免除早上醒來東一個包、西一片瘀青的求生關鍵。

當你真忍不住嘔吐，準備抓住身旁護欄舉起狼狽不堪的身體時，你發現櫃子早已先舉雙手投降，一個「嘩啦嘩啦」把早上才吃進去的衣物、罐頭、鋼杯……等吐得滿地。

「撿起來又會甩出來，爬起來又吐出來。」

「罷了吧！」

對生命的無常，在這趟長達兩天翻滾的夜晚就地成佛。

最後僅留下牆壁與牆壁間的接縫，露出詭異的叫聲，像嘲笑我的背景音迴盪在腦海中。

「ㄐ一ㄐ一ㄐ一ㄐ一」

日安，南極倖存者 Antarctica Survivor

度過德瑞克海峽的第二天早晨，也許到甲板上吹吹風會讓自己舒服一些。一望無際的深藍色海水成了我這輩子見過最神祕的藍。

晨間的陽光灑在寬廣的海面上，那片海藍就像婚禮宴會上，藍色絲絨的新娘禮服，燕尾燙上一顆顆鑽石，閃耀卻不俗氣的美麗新娘亮麗登場。

視覺享受下的好心情，讓夜晚的惡魔狂吼少了些許記憶殘留，但不遠旁的船旋長椅上，傳入耳朵的對話又勾起了一絲懸想：「**昨天晚餐你們吃了沒？**」大嗓門的廣東話大媽支配了這一切。

「我跟你說，昨晚餐桌上的畫面好不精采呀！一開始上前菜時，餐桌上有八個人，隨時一個晃動都可能打翻碗盤，好險我有拉開旁邊護欄護著。但一轉眼主菜上桌時餐桌上只剩三個人，幾乎每道山珍海味都沒人吃啊，因為大家不是回房裡去吐就是已經吐了！」

當然，大媽餐桌的陣亡名單，我想也少不了我。但至少在兩天的險象還生的劇情裡，還有著以下這一段。

「自從末日方舟在大洪水中翻攪了數天以後，諾亞（船長）在第三天接到白鴿遞回的橄欖新枝，很開心地將封塵已久的廣播器打開推播，聽見的動物們無不興奮地準備下船躍動。」

「Good Morning Antarctica survivor, finally we are here alive!」一到達南極聽見的第一道廣播。

你好，南極島民

天氣好的話，來到南極海域每天有兩次登島活動，這是選擇兩百人以下烏蘇懷亞號的好處。

在這海域，每天規定登陸南極同一個點的人們最多只能一百人，若船上超過一百個人則需要分上下午兩團登陸，當然是僧多粥少，所以天氣許可的話搶先到達的船登島機率就會提高。

每次預備登陸前，船員都必須不畏風雨在零下四度C的氣溫，冒著大雪將橡皮艇從船上放下，一個個接送每位探險家抵達南極洲。

登島幾次後，我發現企鵝的數量比想像中還要多，從遠方的船隻望外看，就像是螞蟻小黑點一點一點佈滿整個綿綿冰的山腳和山腳頭。

他們是南極這塊領土上的島民。

從一登陸，他們就無所不在地站在原地，好奇地張開翅膀望著你；或是懶散趴在雪中張著嘴巴彷彿對我說著：「**先生，有事嗎？**」

而我，必須遵守「距離企鵝五公尺」的原則，且不能影響到它前行的PENGUIN HIGHWAY（企鵝高速公路），一連串密密麻麻的規定在動物學家的威脅下，我們只能妥協。

但有趣的是，你可以趴下等它自己走過來。

因此觀賞企鵝最好的方式就是席地而坐，靜靜地等待他們從你身旁路過。

「**長的可愛是沒錯！但可以多少清一下你們的糞便嗎？**」趴在雪中的我碎念著，嘴巴險些吃到了！

遍地雪白的冰霜配上紅色的果醬，那是這些可愛生物們吃完南極鱗蝦的消化物。

幸運的，有一隻企鵝剛好掠過了身旁，天使的距離讓我足以清楚看見企鵝爪子上的皺紋，厚實的腳掌行踏在雪地與羽毛上殘留著在雪地玩耍的冰霜。

「**這趟沒白來。**」手指沒停下那頓時可能沒電的相機，不知道它正創作著回憶。

Classic Antarctica Crusing Antarctica：
企鵝交配期，
充滿著不同的賀爾蒙味道。

時節來到十一月，正是企鵝準備築巢的季節。

企鵝從海邊刁起一顆一顆石頭，搖頭晃腦地走回山丘上築巢。

站在圓形島壘上的企鵝，像極了歐洲城堡莊園的領主們。不斷張開雙翅恣意擺動，樂在其中像是公告世人。

「身旁的妞是俺的，你們都別想碰。」

不時還可看見扯開嗓門仰天歌唱求偶的企鵝，不畏旁人眼光鬆綁歌喉。

得天獨厚，在這個天然的生態園地，只要按照島上規定地與企鵝相處，並花點時間觀察，一個大自然的教室就在眼前。

地球上最後一片淨土

除了南極洲上島看企鵝外，乘著小艇觀

賞南極各處風光也是一定要的。但在最後幾天裡，我們索性收起相機，不再為私慾捕捉巧奪天工的風景。在這個上帝創造的世界裡，沒有一張由膠捲拍出的照片能夠全然呈現。因為祂賜給我們雙眼，讓我們能看見那積藏多年的冰雪覆蓋大地，平靜的南極海面上漂浮著千年考驗過後的巨冰，透白晶瑩，只因冰裡缺少了氧氣。

在旅程中所看見的風景，在這猶如冰山一角。船槳每滑過一處，就洗刷了一遍我們的眼睛。直到我們的雙眼潔淨透明，最後呆若木雞望向水底。

那才是真正的活水該有的風景——由淺至深透徹的青藍映入我的眼睛。

「一生來一次，可能不夠。」

一張值回票價的船票！？

如果就古埃及人偉大的發明「十進位法」來看，這張十一天南極船票的價錢對一個普通的上班族無非是一筆天馬行空的數字，光看刷卡帳上瞬間消失的存款位數，就足已讓法老的天文官擠破頭算不出一個精準的天文。

但就這趟旅程無可取代的價值來說，是用這一生積蓄都不一定能買得到的美妙意趣。

從六個月前懵懂的、猶豫地在網上訂了這張台幣十五萬的 Twin room with shared bathroom，接著在登艦 Check in 時，被告知房間升等，從原本上下鋪變為雙人套房加私人衛浴，從船頭第一排最佳暈船位置變成後排船尾海景房。

「會不會是中樂透了？」我心想。

無法預知的是，一天四餐的餵豬計畫，是道道五星級吃不完的神料理。由西式自助吧開啟美好的早晨，面對著窗外驚濤駭浪，在細緻的餐廳裝潢裡仍覺得自己身在W酒店裡的五星級餐廳。

每日供應的午餐、晚餐會在餐廳門口張貼主廚專屬菜單，從前菜、主菜到甜點，十一天來沒重覆過。

如果你說：**「我是個極其龜毛，只吃低卡路里食物，時而想吃素時而又想吃葷的半佛教阿拉伯人。」**只要餐前告知，依然可以餐餐驚喜，吃到那不太正統的隨便素。

在交誼廳設有二十四小時茶水、咖啡，及一整籃新鮮水果供自由取用，怕吃不飽或是暈船沒胃口的可以在這盡情享用；最後下午茶點讓你從踏上船以後肚子時時刻刻處在緊繃。

我想，對那些錙銖必較的旅人們來說，這絕對是一場不知從何比較的旅程。

一張南極船票的價值不在帳目表的那幾個零，而在企圖把你留下的零下十度風景。

「道別南極最好的方式是甚麼？」最後一天掙扎許久的我對自己說。

「不如縱身跳入零下四度C的南極溫泉！？體驗跟企鵝一樣徜徉在這片淨土的沐浴之中！」

沒有後悔，這一生來過。

↑

Classic Antarctica Crusing Antarctica：
來到南極也可以很夏天！

Amazon Forest!

2.2 為了尋找粉紅海豚蹤跡，我們前進亞馬遜森林！

你每生氣一分鐘，
就失去六十秒的快樂。
——Ralph Waldo Emerson

「Fortunately, We Survive from Amazon!」

如果你去了南美洲，別告訴我你的亞馬遜森林故事。

我知道那故事就像晚娘在家中刺繡，突然間被針刺到，流出血來的瞬間疼痛，觸及神經來到大腦，雖然想哭但還是急忙忍住痛，接著用嘴撫平傷口。

時間久了，傷口癒合。記憶還是會偶爾回來訴說。

↑
Amazon Forest Bolivia,
Rurrenabaque：
亞馬遜森林內的
野生足球場

↑

Amazon Forest Bolivia, Rurrenabaque：
在亞馬遜河域裡航行，
來到野生動物園裡。

亞馬遜印記

經歷了亞馬遜河森林流域四天三夜的探險，幸運走出來的人身上總少不了這亞馬遜印記。

「被叮遍全身的紅包、飢餓的身軀、滿鞋的爛泥、濕臭到想立即扔掉的髒衣裳。」

「沒錯，你去了亞馬遜。」一句由大廳掌櫃給的讚賞評比。

事實上，從其他國家來到南美洲的旅人，有許多進入亞馬遜流域的選擇。

「亞馬遜河（葡萄牙語：Rio Amazonas；西班牙語：Río Amazonas；奇楚瓦語：Awqaqsipaskunamayu；英語：Amazon River），是一條位於南美洲北部的河流，自西向東流動。其發源位於祕魯境內的安第斯山脈中的密斯米雪山，在巴西位於赤道附近的阿馬帕州和帕拉州交界處注入大西洋。整體流經祕魯、哥倫比亞和巴西。目前國際上廣泛承認的亞馬遜河全長是六千四百三十七公里，亦有部分研究測繪出不同的長度，但還未獲地理學界廣泛認可。據此，亞馬遜河是世界上第二長的河流，位於最長的尼羅河（六千六百五十公里）和第三長的長江（六千三百公里）之間。」——引用自維基百科 Wikipedia。

從河流流過的面積區域，知道所有人都可以自行選擇從哪裡進入，但前提是你找的到回來的船公司。

通常，許多人選擇從祕魯、巴西進入。因為觀光旅行社公司為了讓旅客一睹亞馬遜森林的風采，將裡頭已開發好的觀光地帶，包裝得像來到菲律賓的海島渡假村一樣，三餐吃 Buffet、床單每天換、一早有人 Morning Call：「**Bueno Dia!（西班牙語：早安）**」。

一分錢一分貨，但大灑幣後所獲得的可能並不全然是真實的亞馬遜森林。而是世界標準海島型觀光旅遊的另一個亞馬遜專案 B。

「不對、不對，亞馬遜森林不應該是這樣的。」在網上蒐集資料後，大喊救命的我。就在某天靜靜待在玻利維亞首都 La Paz 的背包客棧沉思時，突然間看見電視節目正播放著 Discovery 頻道**《原始生活 21 天》**的影集，很剛好的是亞馬遜流域的真人實境介紹。

印象中，野外求生者 Taylor 說：「**在亞馬遜流域處處充滿了危機。**」

「白天走在森林裡，你可能暴露在身長超過十尺以上史前巨蟒，伺機待命的環境之中，如果幸運的你躲過了牠的盤繞，下一秒可能遇見萬年毒蛇埋伏在古代蕨類四周。被咬後的你走不到七步立即喪命。」

一隻蟒蛇的畫面飛嘯而過。

「不小心闖入沼澤地，全身濕黏的你可能覺得跳進水裡游泳是個好選擇，但前提是，你必須避開數以千計的食人魚啃食，還有小心別激怒了咬合力世界之冠的恐怖鱷魚嘴巴大開！」

看來，水中也不是很安全。

「值得慶幸的是，在此水域裡完全看不見兇殘鯊魚的蹤跡。而全世界難能可貴的粉紅海豚，可能與你渡過這美妙的裸泳時光。前提是幸運的你已渡過了上述的各項危險。」

看完亞馬遜森林駭人的介紹，我想就算是探險大師一時也提不起勇氣進去實地考察吧！

「我喜歡觀光旅行，但我更愛原始風情。」

抉擇了三天，心裡不斷想著：**「來到南美洲沒到過亞馬遜森林，怎能說來過南美洲呢？」**

身為勤儉持家的背包客，我們在麵包與激情中選擇了麵包，來到全亞馬遜流域最經濟實惠且原始風味濃厚的玻國亞馬遜流域上游段（Amazon Basin），跟隨當地探險隊深入禁地！

Rurrenabaque 亞馬遜雨林入口小鎮

從海拔四千公尺的 La Paz 出發，一架玻國的國內航空飛機，座位僅左右各一排，空服人員兩位，機長坐在最前方。只要有人在飛行時站起立即就會被遏止，因為可能影響飛行左右平衡。

「這樣的飛行經驗還真是特別。」默默在機上閉上眼睛，祈禱別遇上亂流。

逐漸睡去的我大概昏迷了十五分鐘，緩緩聽見機長與乘客的問候，告知即將降落。興奮的我張開眼頭轉向窗外，想一瞥亞馬遜雨林傳說中的容貌。

如同在中國大陸登上黃河九彎第一拐的山頭時所見，曲曲折折的水流由近至遠沒入遠方弧面的地平線。在這卻是不同風情，亞馬遜河流被茂密的叢林隱蔽的若隱若現。像是藏了許多不得告人的祕密，讓人越發想靠近。

當飛機即將降落，我左顧右盼開始感到慌張。

「咦！？跑道在哪裡？被森林覆蓋的地表哪來的機場可降落？」

過了三秒，椅子開始上下搖晃的劇烈，我像坐上大怒神一樣忐忑不安，接著無預警的飛機降下，前方原本被森林覆蓋的一隅冒出了一塊泥土路區域。

沒有地面飛機指示燈、沒有路面人指揮。倚的是機長的良好目視能力，及高超的手動控制技巧。

我們安穩下降到亞馬遜雨林河口的小鎮機場。

當飛機緩速滑行，機上的乘客歡呼鼓掌一片。因為上一秒鐘我們與死神徘徊，而下一秒我們來到亞馬遜雨林！

亞馬遜雨林解密

平反電視影集所看到的，在亞馬遜森林度過的這幾天比想像中來的安全許多。也許是我們擁有在地的探險嚮導帶領，但在出發前我們還是被要求簽下了那張意外生死狀。

「沒事的，就簽下去吧。就像 Bungee Jumping 跳下去前該做的，當勇敢跨出那一步，接下來會有意想不到的收穫。」嚮導有自信地說。

進入亞馬遜雨林，解開探險者旅行的另一道枷鎖。

至於怎麼看出嚮導專不專業？

從他把平板船推進河流水道，熟悉地躍上船身，猛拉啟動電動馬達的線繩。

「轟轟，轟轟，登……登……登登……登登……轟轟。」

安心了。

四天三夜在同一艘船上，所有人的心跳脈動與亞馬遜共度生命河流。

實境探險一：走入傳說中的亞馬遜叢林

在亞馬遜森林探險的第二天清晨，我們被嚮導搖了起來。他緩緩說了一句：「**起床吃完早餐，我們要到叢林裡找大蟒蛇！**」

這是多麼令人興奮的喚醒方式，在這裡的探險每天都讓人新奇地出乎意料。

馬上掀開棉被跳下床，穿上前天手洗曬了兩天仍然不會乾的臭衣，沒撇幾口飯就跳上船想踏進夢寐以求的亞馬遜叢林。

記得影集《原始生活 21 天》的 Taylor 警告，巨蟒的盤繞是叢林裡最致命的危機。

但聽著嚮導在划船時不斷表明自己的老練以及自信。

「**在亞馬遜森林走跳已經七、八年，有甚麼動物我沒遇過？哈哈，跟著我走就對了。**」嚮導說。

不得不說，在亞馬遜探險中的每天，我們都一直在建立探索的勇氣自信。

直到我們漸漸放下心防，嚮導真的說服了我們可以把命交給他。

當板船划向岸邊，所有人跳下船踩著泥巴摻雜著淺水往前邁進。從岸邊沼澤地開始，第一眼看見的是一片高度長過身的芒草平原，濕黏的泥土配上纏腳的草根讓人每一步都走得很吃力。

在這的景色，幾百里都是一樣情。樹、森林、樹、森林。

唯一的聲音是嚮導的「**往右那邊有東西**」、「**往左我們進入樹林**」。

就這樣在行走的途中，我們一直被給予希望，但常常我們看見前方不遠處好似有一片樹林時，加緊腳步以遠離被太陽曬灼傷的危險。但當我們離近在咫尺的樹林不遠時，越走越近竟發現它們不過就是幾顆接連在一起的「樹木」連在一起所造成的假像。

「**根本就沒有叢林。**」嘴巴呢喃的我一直反覆。

反覆數次，我們在烈日得追打下卻也找不到真正的叢林，但精疲力竭的身體早已發出警訊！

「**大蟒蛇今天可能休息了。**」嚮導笑著說。

已經笑不出來的我，苦哈哈兩聲幾乎失去了再繼續前進的體力，我們已經在這樣的芒草堆裡徘徊了一個半小時。

最後好不容易當我們踏進一片森林，樹木挺拔撐天，所有人雖然想雙手高舉歡呼，但團員們的體力皆已被芒草纏得精疲力盡。

離回船上的時間只剩下一小時，而我們的體力已無法來回走進再走出。

結果我們花了一個早上的時間，只看到福壽螺的卵。

雖然沒看見巨蟒，但其實周邊一直都有不同猿猴的叫聲，像是告知我們：「你已踏進了我的領域，快快離去！」

生命中的體驗不盡然是完美，但探險的這群人相互幫助度過每個坑洞、纏腳的芒草、以及給水到最後自己沒水了的體驗，真能看見生命之所以美好可貴。

實境探險二：釣食人魚請小心別釣上鱷魚

每天划行在深不見底的亞馬遜泥沼河裡，嚮導不時地會準備知識遊戲及娛樂活動！像是歌唱、尋找五顏六色的鳥在哪裡、水豚介紹、鱷魚打架的故事……等。而其中「**釣食人魚**」則是最熱門的活動之一。

對於從小到大沒看過真正的食人魚的我們，絕大部分的印象都來自電影《3D食人魚》，依稀記得嗜血的食人魚，闖入游泳池裡把比基尼女孩們咬得血肉模糊，試圖營造牠的嘴無堅不摧極具破壞性。

「**Just Fish!**」這是我從嚮導那得來的回應。

這天嚮導划著船帶我們來到沼澤樹林下，接著每個人領取一個綁著魚線的簡易式釣竿，說是釣竿不如說是一塊手邊撿來的木頭，在魚鉤的位置掛上一塊新鮮的牛肉。

「**Ready, Go!**」我們三三兩兩就在叢林裡度過了一個垂釣的午後。

據說食人魚的身型並不大，約是一個手掌大小。其身上閃著的銀色鱗片如同水中的星星，從船上即可見魚在哪裡。

「**在釣竿晃動的同時，記得不要馬上拉起，而是邊拉邊放，消耗牠的體力後，最後用力一搏就上來了。**」

連釣魚知識都一應俱全的大自然課還真來對了。

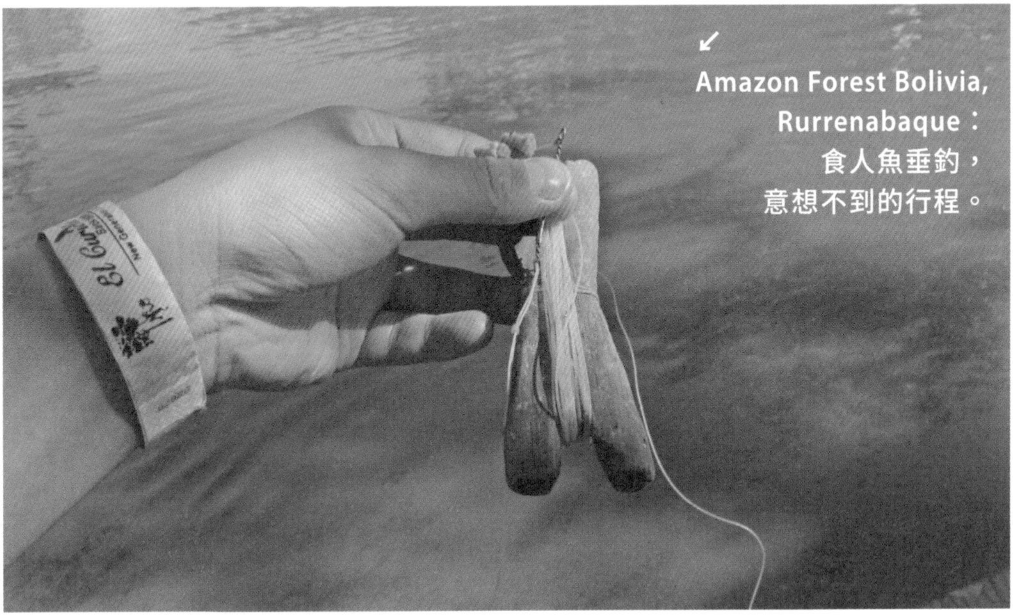

Amazon Forest Bolivia,
Rurrenabaque：
食人魚垂釣，
意想不到的行程。

就在我聚精會神守著釣竿，遵循著嚮導給我們的指示時，我的釣竿動了。

「太好了，那我來慢慢地施力。」

一陣向前，我感到牠的力氣比我想像的還要強大。於是我不甘示弱，更請身邊的夥伴拉住我的身軀，讓我扳回了一城。

正當魚線越收越短，我感到食人魚即將準備躍上水面時，開心的我頭往下定眼看了一下泥土色的水面，沿著魚線延伸向前通向一隻短鱷的大嘴巴。

牠被我的牛肉吸引來了，且正當牠咬住肉時還受到一股力往前推拉。逼近到離船緣剩下三公尺的距離。

那是一次人生的絕命關頭。

「媽呀，是鱷魚。」我鬆手放開手上的魚竿，並將它丟向遠方水中。

可能是鱷魚受到了驚嚇，牠遁入了水中。

好一陣子，船員靜默。

在大自然的生態課程裡，唯一留下的是不同頻率的亞馬遜流域鳥鳴。

在整個釣魚的過程中，其實令人感到恐怖的不是食人魚、鱷魚會咬人這事情。而是當你專注在手邊魚線等待魚兒上鉤的同時，你也正被兇猛的蚊子用那○．一釐米的小嘴釣著。在牠眼裡，你的嫩皮比食人魚的肉還要美味。

所以在最後人們正清算誰比誰魚釣的多的同時，蚊子也在清算誰的血吸的比誰多。最後沒釣到食人魚的人，獲得的戰利品即是叮好叮滿整隻腳的紅包。

實境探險三：亞馬遜流域尋找粉紅色海豚蹤跡

第一次聽見亞馬遜流域裡有粉紅色的海豚，任誰都會覺得很夢幻吧！？雖然粉色的動物很多，像是豬、紅鶴、蝴蝶，聽見時都沒有太大的違和感。但一聽見海豚二字，馬上就有了無限的想像。

「來來來，這裡不只看的見，還可以和粉紅海豚一起游泳喔。」

就是這句話，吹起了我們的亞馬遜森林夢幻粉紅泡泡，理智線來到最低水平。

「我們這價錢包含所有交通，住宿，行程，飲食，當然還有專業的嚮導。」

壓死駱駝的最後一根稻草，往往來自無心插柳柳成蔭，乖乖買了單。

仔細想想當初還真的只為了一探粉紅海豚的蹤影，把其他行程都踢到了一旁。

在亞馬遜的四天探險中，每天都有種「**我怎麼人會在這？**」這樣活在非現實世界的感受。

每天的例行公事，就是跟隨著嚮導乘船駛在河上五官全開，讓大自然給我上一堂生物多樣化的課程。

來到亞馬遜流域的第三天，嚮導帶著我們穿越了佈滿浮萍的小河道，來到廣闊平靜的世外桃源，忽然間我看見前方一小小隆起像鯊魚的背鰭。

「沒錯，那正是粉紅海豚浮出水面呼吸的時刻。」嚮導回頭悄悄地說。

「所謂的粉紅色海豚，並非整隻都像童話故事一般，有著如此誇張的正粉紅色。而是在躍出水面時，可以看見其嘴巴張開的內側有著局部的粉紅蹤影，像是人的舌頭一般，但牠是連著下巴一整片。」嚮導接著說。

「這堂生物課還上的真是時候。」我心想。

才剛聽完嚮導的解說，船上的另兩位歐洲男孩就脫下衣服往水裡蹬。

「這……水是褐色的。」我望著水的顏色不禁讚嘆歐洲人識水性的程度。

亞馬遜雨林的河水是不透明的，更準確地說是骯髒的泥巴色。而且踩不到地，見不到底。

不識水性的我決定在旁觀看，並一副揶揄的樣子：**「嗯。我還真想看看跟海豚比賽游泳到底是怎麼回事。」**

只見大夥兒沒游一會兒，就回到船邊筋疲力盡樣，接著又游出去。

因為踩不到底的河水要靠身體不斷律動才不會沉下去，而在這的野生海豚可不比海生

Amazon Forest Bolivia,
Rurrenabaque：
老外尋找粉紅海豚的蹤跡。
↓

館裡的海豚這麼親近人，時不時浮出水面頂球、唱歌給你聽，讓觀眾甘之如飴。

亞馬遜的粉紅海豚在水中如魚得水，想去哪就去哪。每次的出水呼吸都是好幾分鐘後，但顯然他們不排斥我們，因為牠一直都沒離我們船邊太遠。

就在此時，聽見隊上游稍遠的德國男孩不停地尖叫，一下驚恐、一下詭異的表情吸引了全船的目光，原來是粉紅海豚調皮地與他擦身而過。

如此微接觸就能讓遠離大自然已久的人們歡天喜地，再度感受到原始之初大地之母的懷抱。

同時，我一邊手抖地替他捏把冷汗，因為我深怕下一秒它就會像影集《原始生活21天》裡所說的，咬合力冠軍——鱷魚正準備張大嘴巴完餐。

「**放心，這水域沒有那些動物。**」

嚮導的自信令我感到粉紅色海豚可能是他養的工作夥伴。

歡迎回來亞馬遜森林

在四天的探索體驗後，很多人常會說為甚麼不再繼續探索下去？亞馬遜森林真如影集所說的如此不適合人居住嗎？

在大自然的創造中其實沒有一處是人們應得的，亞馬遜森林的所有動物、植物、環境都屬大自然的傑作，我們能夠做的是愛護它，用最少的破壞讓它持續在這裡欣欣向榮。

嚮導最後在送我們離開前，告訴我們說：**「亞馬遜隨時歡迎你們回來，我們的所有都來自這片森林。」**

在我腦海裡想的是：**「會的，至少我知道下一次再來要帶一瓶天然環保的亞馬遜森林防蚊液。」**

興奮的我帶著再一次回來的期待，乘車離去。

↓
Amazon Forest Bolivia, Rurrenabaque：
亞馬遜森林裡遍佈會走路的樹。

2.3 Tiwanaku！

這一天，我與前印加文明的相互擁抱

唯一真正的智慧
是知道自己一無所知。

——Socrates

「每天早上醒來，給自己五分鐘的時間，靜靜地躺在床上讓思緒自由的流動。」沿著腦筋思路譜出的地圖，來到世界的各個古文明之處。

但不知道為甚麼，在網路上找到的古文明遺跡景點，每次到達後看見的總是佈滿一個接一個的觀光立牌告示，恨不得要讓人知

TiwanakuBolivia,
Tiwanaku：
高海拔古文明，
至今仍留下不解之謎。

道：「哈囉！我在這。你要來參觀我嗎？」

接著我們拿起相機，拍下一張又一張大媽撐傘破壞黃金視角的照片，無可閃躲、時間緊迫、即將回車上的當下，最後只能將它收藏在相簿當中。

「我不認識她，但我珍藏她。」這樣的經歷，人人都有。

「嗯……總覺得哪裡不對勁。」我不斷呢喃著。

於是在環遊世界的旅程當中，只要是網上查不到任何資料的地方、當地人推薦的地方，都是身為探險家的我趨之若鶩的景觀。

任何古文明的濫觴，都存在著不可告人的祕密。再冷門的知識，只要熟練專精，都是一門學問。

從小對古文明就抱持著很大憧憬的我，循著世界古文明探索家畦澔平的足跡，去過不少冷門未開發，網上搜尋率幾乎為零的古

文明點！

其中，中南美洲就藏了不少這樣的地方！

關於南美洲文明

南美洲的文明史比起我們小時候所學，中國歷代王朝抵禦外敵、擴大版圖、外戚篡位，足以撼動影響東西方世界的各種事件，相對單純許多。

少了文字紀錄的南美洲原民，在樂章上像圓形的休止符，在奏起美妙的旋律後，最後只能選擇停歇在原位。

他們的僅存紀錄在歐洲人海上稱霸的年代，被強迫帶走了。

在一四九二年哥倫布偶然發現美洲大陸以前，由於美洲地處偏僻，不像歐亞大陸有著數千年的文化交流（絲路貿易、唐僧取經、蒙古西侵……等）。

絕大部分南美原民過的都還算原始，沒有槍砲火藥、沒有鎢燈照明。部落與部落之間的交流多半透過以物易物的貿易方式建立起城邦信任。

當然兩個城邦的戰爭，通常以人數的多寡為致勝關鍵！

故在很長的一段時間裡，南美洲都不曾出現像希臘、羅馬……如此偉大的古文明帝國。

因此在哥倫布來到美洲以前，歷史學家把這段期間稱為「前哥倫布時期」（Pre-Columbia

TiwanakuBolivia,
Tiwanaku：
來到玻國，一定要品嘗的美食——
草泥馬全餐。↘

Period）。

此時，南美的各個城邦尚未有統一的趨勢，但卻有著各自且相似的文明。

在九世紀以前，有著許多文明各自盤據這塊大陸。

西元前一〇〇〇年~西元二〇〇年以智利的首都利馬（LIMA）為界，北邊有Chavin文明，南邊有Paracus文明（在智利的一個半島上）。接著西元二〇〇年~八〇〇年分別又被Moche文明（利馬以北）和Nazca文明（利馬以南）所取代。

直到十二世紀，印加人（Inca）透過龐大的組織軍隊和系統性的管理方式，漸漸統治了整個南美洲。

以祕魯的庫斯科為政治中心，崇尚太陽神信仰。

建起了一個涵蓋區域囊括現代的哥倫比亞，厄瓜多爾，智利，祕魯，玻利維亞……

等地區的偉大帝國。

有趣的是，他們存有語言，卻沒有文字。而文明透過奇普（Quipu）傳了近幾個世紀（Quipu 為印加文明傳遞訊息的一種繩結紀事）。

Tiwanaku 被遺忘的古文明

自古以來，勝者為王敗者為寇。但在沒有文字紀錄的文明裡，「寇」在時間河流裡漸漸地被沖走、消失不見。留下的是一堆當代人認為毫無用處，但又被限制無法隨意挪動的遺跡石塊。

Tiwanaku 文明，是南美洲其中一個我拜訪時，少見且杳無人煙的高海拔文明。

「少了大媽撐傘卡位的畫面還有點不習慣。」初次踏上海拔四千公尺以上的古文明點，呼吸困難到不知是太興奮還是海拔太高。

它，是印加古文明的前身之一，於西元二〇〇年~一〇〇〇年在 Titicaca Lake 東南邊興起，占有地理優勢且天然資源豐富。除了吸收周圍部落的文明外，還擔任宗教信仰（太陽神）中心的角色，故一度占領了玻利維亞、智利北部、祕魯的 Titicaca Lake 周邊，成為在印加帝國尚未興起前的強大城邦部落！

The Gate of Sun 太陽門

古文明探索最令人興奮的，是用無數個夜晚研究那想破頭也無法解破的古人石器。而在 Tiwanaku 的古代宮殿 Kalasasaya 裡，讓令人匪夷所思的建築物非「太陽門」（The gate of Sun）莫屬了！

孤單立在宮殿的廣場邊緣，旁邊還有倒塌的廢棄石座。

我左思右想，在那個沒有石英刀、雷射切割的年代，到底是如何工整地將不同大小的石頭切平，並挖出漂亮的正方型大洞，像是疊積木一樣，凸面凹面精準卡榫對接。

為的是甚麼？

「那是計算曆法的好工具。」旁邊同行的旅客 MARK 跟我佇立在旁了許久說的第一句話。

「在每年的一月二十一日，那天太陽升起的第一道曙光，不偏不倚將射過太陽門的中央，代表著冬季結束，播種的日子到來！」MARK 研究古文明一陣子了。

從他口中說出來的，就像是博物館導覽員所說，聽起來如此專業。

「此外，在太陽門的正中央上方可清楚看到一個『帶著鳥面具』的圖騰，祂其實是 Tiwanaku 最崇拜的神之一 Viracocha。傳說祂創造了好幾個世界，也毀滅了好幾個世界。」

他話還沒說完。

我接著說：「**他是不是用石頭創造出人類，接著用泥土賜給人類新生命？**」

「**Si！**（西班牙語：是。）」

在旅行途中，共通語言有時候是在世界上蒐集而來的傳說，或是宗教信仰故事。

「可能以前人神一家，只是人的記憶被抹滅罷了。」MARK開玩笑地說著。

Pachamama 巨石像

旅行中找到同好，是再開心不過的事。分享了一連串探索的神祕古文明後，我們繞著宮殿的東面走，發現一地下宮殿（Temple Semisubterraneo），相傳那是以前祭祀的場所。

一個跳躍，連旁邊有個現代樓梯也沒看見，就到了地塹的平台。在地下宮殿的環繞牆上，清晰可見突起的頭像，甚是可愛。但由於太過罕見，連MARK也搖頭示意投降。

TiwanakuBolivia,Tiwanaku：
來到千頭人面牆前，有種被吃的感覺。

在古文明的探索最有趣的，永遠是那一個接著一個的問號。因為這就像警察抓小偷一般，線索都被擦拭了，但總有那一兩個不小心被留下。而接下來可以做的，就是到鄰近的現場找出他的關聯性。

於是，我們前往博物館。在Tiwanaku的巨大宮殿裡，不時可看見許多長相類似，但面容已模糊的雕像，據說都是以當時最崇高的祭師形象作成。讓人想起，在智利復活節島上的巨石像，每尊不同面孔、不同身高的石像，朝向同一方向，像是白天黑夜都在對大海私語。一個接近海平面，一個在呼吸稀薄的高原上。

從巨石像的紋理，可看出文明與文明之間確實有共同之處。但不知道的是，他們是否從前就認識，所以才做出如此相似的巨石。

Pachamama 大地母親

在這，最大的一尊石像當地人管它叫「Pachamama」，在印加文明中為在地人所崇敬的女神。高達七．三公尺重十噸，在其頭部和身體皆有許多和太陽門底下Viracocha一樣跪著和跑動的小圖案。

另外在其右手可看見拿著類似人像的玩偶，左手則是拿著像是號角的用具。

彷彿每位統治者都該有的象徵。從法老的權杖、國王的頭飾、瑪雅的玉鐲……等，凡到之處看見的帝王遺骸從古至今最珍貴的寶藏雖然都遺留下來了，但始終讓現代人無法理

解，古代人是否用了非現代的高科技文明，將我們一直以來覺得困難做到的事，變成理所當然。

而我們能做得卻只有透過旅行感觸，一字一句將看見的記錄下來。無法對其有所幫助，但至少當過去已成事實，我們唯一能做的就是記錄。

因為千百年後的今日，也將有挾帶著不同科技文明的後代子孫，像今日我們在大太陽下一樣，透過我們所留下來的蛛絲馬跡，拼湊起過去和未來的地圖。

寫下這篇文的同時，身旁的旅伴已然睡去，深夜三點鐘與我獨處的是探險者與過去文明的時空交流。

↑
TiwanakuBolivia,
Tiwanaku Pachamama：
石像高達五～八米，
一整個無法置信的巨大。

2.4 Glacier !

大自然的鬼斧神工！

沒有偉大的意志力，
便沒有雄才大略。

——Honoré de Balzac

在旅行者的聖經《Lonely Planet》最新一期雜誌曾經提過，世界必去的十個城市，在巴塔高尼亞（Patagonia）就藏了幾座。

距離世界南端不遠，明顯偏離了世界經濟大城爭奪戰的名列；在這裡每經過一座城市，將被其雪白的冰封山景所迷惑。無汙染、清淨澄透的天空，只消風一吹就可以把薄博的捲雲吹開，露出那冬暖的太陽。

↑
Glacier Argentina,
Chalten Fit Roy：
來到這的旅人，
無不被尖峰雪山所吸引。

在這兒的城市規模都不太大，有些小到一條街道的距離，從頭走到尾五分鐘；但有些則悠閒的倘在湖泊岸邊，來到這的旅人天天就在湖光裡度過。

當然，來到這的旅客通常都帶有一項終極目標，那就是跟隨英國登山家的「**山就在那裡**」名言，來這不攀登珠穆朗瑪峰，而是登南美最有名的百內國家公園（Parque Nacional Torres del Paine）及菲茨羅伊峰（Mt. Fit Roy）。

受到鬼斧神工的冰山雪景感召，我們也驅車三十七小時來到這美麗的小鎮 El Chalten。

El Chalten —— Mt. Fit Roy Trekking

在這只有一條大街的小鎮上，不難看出旅客的信念逕一都只朝向一個「山」的方向。

很多人來到這的原因很簡單。

第一，它不需像進入百內國家公園付出高昂的門票，想哪時候登山就哪時候登山。

第二，不同的山景，卻有80%相似的山峰。

「百內國家公園的 Las Torres V.S 菲茨羅伊峰的 Laguna de Los Tres」

兩座皆標榜著頂天立地的三座尖鋒，風采壓過周遭群峰，身在鄰近的兩個國家，但宏偉壯觀度不相上下。

想當然，前後背包共三十公斤的我們選擇跟省錢的背包客相同。

想觀看雪山的人很多，但要熬過山間景色的變化、溫度的交替、以及肚子的痙攣、甚至是裝備不足倉促下山的各項挑戰，能看見 Laguna de Los Tres 廬山真面目的人還真不多。

「來回八小時，共二十公里。」在登山口眼角瞥見的告示牌提示。

專業地說，那絕對不是給初級背包客的一項參考，但卻容易讓人傻傻地相信——**我應該辦的到吧**。

就這樣，沒有多餘的裝備：兩個輕背包、一罐水、一串吃剩下的土司及 Nutella 巧克力醬，徒步走進了 Fit Roy。

途中的風景變化，像翻一本生態雜誌，從小石子地來到寬廣的草原，海拔攀升速度加快，來到闊葉森林及大塊石頭層層累積的小溪地，無時無刻聽見鳥叫聲及擦肩而過的旅人說聲「**Hola!**」，這些風景足以成為腳酸旅人的慰藉。

味覺饗宴不缺席，在口渴的時候，一手撈起小溪旁的活水。

「**這水，好冰好好喝耶！**」

沁涼且甜到說不出話來的雪山泉水，一口滑進我的喉嚨，對於一輩子生活在城市裡，只喝過淨水過濾器帶有一點化學味的孩子，第一次感受到可以獲取大自然的活水是一種奢侈。

「**看來回不去了。**」

沒想到清淨雪水的渴望，在未來的三天到三十年都一直在我腦中迴盪。

二〇．八公里，我們共用了九個小時終於軟腳爬完，這樣沒有計畫的登山旅程。考驗著

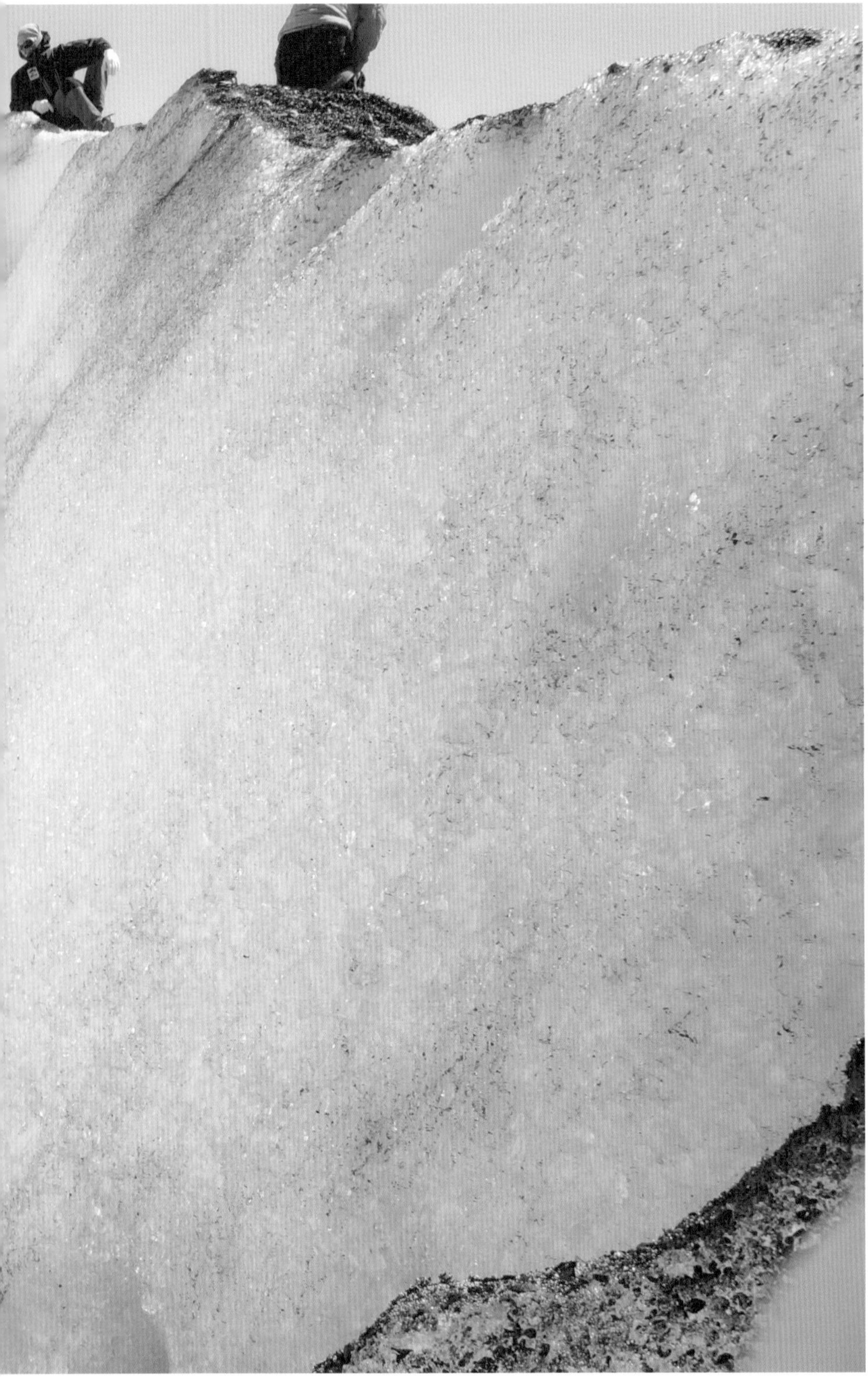

Glacier Argentina,
Chalten Viedma Glacier：
挑戰攀冰是這一生最明智的選擇。
↘

每位初級背包客的極限，儘管途中因為體力不佳一度垂頭想放棄，但是不到終點不會知道這一切努力有多值得。

直到登上頂端，看見 Laguna de Los Tres 的三根尖塔。那樣的壯觀景象，如果你說《冰雪奇緣》的愛莎女王曾在這兒唱過「Let It Go」，我也鐵定相信。

「FANTASTIC!」

Glacier Viedma——來去攀冰河

來到南美洲，最無法忘懷的就是每天迎向暖和的陽光，耳朵聽見冷冽冰河的崩裂聲，以及喝到世界數一數二純淨的水。

除了登山以外，這兒還有個享譽旅行者的行程——冰河健行及攀冰活動。攀岩都沒正式入門的我，想都沒想竟就將我的攀冰處女秀獻給了這裡。

印象中，《冰河歷險記》的水獺能夠很簡單地在冰上四處滑冰。來到真實冰河地形的我們戰戰兢兢，因為身旁的冰河裂隙最少長達三公里，而深度呢？一粒石子丟下去久久不見迴音。

「這大概是我這一生最聽教練話的時刻了。」邊走邊碎念的我說。

教練帶我們在冰河上小試身手後，來到冰河間隙的深谷。一開始聽到教練宣布任務時，以為教練是不是開玩笑。

「大家準備好繩索，我們準備玩垂降。」我想任誰都以為是不是打假球。但當教練很迅速地綁好繩索，從山峰邊緣垂降到冰河縫隙的底部再攀上來時，從教練認真的表情及繃緊的肌肉來看，他玩真的！

接著，身旁的隊友一個個綁好繩索，下去又上來，與當年在澳門塔高空彈跳時有相同的等待恐懼症候群，從雙腿顫抖上全身寒毛。

「明明是零下的氣溫，我怎麼全身發燙？」

當教練呼叫我準備就位時，我方才清醒。抖動不停的雙腳，被強推穿上裝備，望了一下那鎖在地上作為支點的鐵環，被另外三個鐵環緊緊地扣住在冰裡。

「現在我能了解趕鴨子上架，鴨子們的心情了。」

轉身往下躺，用冰爪控制速度滑下去，再像貓咪一樣爬上來。這大概就是偉大教練的教學語錄。但真實的情況是，我全身的重量支撐在腳尖，接著要用隨時可能鬆脫的手中冰斧用力砍進陳年老冰裡頭。

「這和我們平常吃的剉冰絕對不是同一個等級，這冰怎麼比石頭還硬！」

冰斧好不容易砍了進去卻難以拔出，每一次身體往上挪動一尺都要半個小時之久，而我們就在眾目睽睽下像馬戲團的猴子表演，只差少了帽子接硬幣。

只聽見教練氣長緩慢地說：**「Take your time!」**

接下來的個人表演裡，我慢慢才學會，擺姿勢及優雅地拍照或被拍，像是冰河伸展台。沒人能夠干擾的寧靜時刻，是享受這趟行程的精髓。

在這裡沒有上下班時刻的捷運沙丁魚人群，也沒有火車出發前趕人上車的汽笛音；有的是腳下的冰爪崁入皎藍色冰河裡，掉下來的小碎冰，和緩慢輔助我上升的教練鼓勵。

「Good job, Keep going!」

世界在我的腳下，等待的是甚麼時候展開行動。

一個小時後，我爬上了頂端，也刷洗了攀冰這項人生紀錄。

Calafate/Glacier Moreno —— 莫雷諾冰川

El Calafate 是搭車前往 Moreno 冰河國家公園最近的城市。沿著公路前進可以看見遠方的冰河閃閃發亮，即使戴著墨鏡，光芒仍從眼鏡旁的細縫中閃爍照耀。

進入國家公園後有兩種旅遊方式。第一種是搭船近距離觀賞冰河；第二種是走步道至觀景台欣賞冰河。因為搭船的額外支付高昂，有預算限制的我們選擇沿著步道走到觀景台跟冰河面對面。

這裡有世界最棒的景觀路線，原本陡峭的地形藉由全程緩斜的坡道，竟然連推輪椅的旅人都能輕易地從第一觀景台來到最近的景觀台觀賞，簡直是告訴來自世界的旅客，這是一個等到九十歲也都歡迎你來的地方。

眼前的冰河景象，沒有想像中這麼完美。那是大自然鬼斧神工風景慢慢凋零侵蝕的第

Glacier Argentina,
Calafate Moreno Glacier：
一塊塊滑落的冰層，
伴隨的是觀光船上的旅客
此起彼落的歡呼。
↘

一現場。碎裂的冰河在所有人的面前不斷掉落，同時代表著地球暖化的嚴重程度。幾乎每小時都有一大塊冰柱墜落，發出轟隆的巨大聲響，說是冰層的哀嚎聲響，更像是地球對世界改變如此快速的抗議。

許多旅客看見冰塊墜落，異常的興奮，像是觀看一場好戲精采的部分開心地拍手。反之，默默看著這一幕的我，每看一遍冰塊墜落心就揪了一下。不自覺地想替自己曾經為地球帶來的傷害懺悔禱告。

靜靜的，突然不太想再留住這片風景，直到遠方傳來再一次墜落的冰層巨響，我彷佛聽見：「**如果還有明天，你會怎樣裝扮你的臉？如果沒有明天，你想怎樣說再見？**」餘音環繞三日長。

路途上的風景不全然都是美麗的，端看想看見的是甚麼。

2.5 Isla de Galapagos！

世界最貴的島，跟達爾文有關係！

夜裡還匆匆碌碌的人，
有常人看不到的故事。

——趙熙之

如果你對於南美洲旅行的長度一無所知，那我推薦你坐一趟祕魯到厄瓜多爾的長途巴士。搭上徹夜難眠的跨境巴士馬拉松（Peru Lima to Ecuador Guayaquil），我們勉強踏上了環遊世界的第十五個國家——厄瓜多爾（Ecuador）。

這是一個十分彩色的國度。

從關口入境拿到一本彩虹色階、圓弧循環的觀光護照開始，已偷偷暗示著旅人即將體驗一場生態循環的饗宴。更重要的是，拿台灣護照免簽。

「**Bienvenido, Chicos!**（歡迎你們光臨！）」看到台灣護照，馬上蓋上免簽證印章的海關人員說。

由於厄瓜多爾這國家，不算是台灣人旅遊的首選，網上查沒兩頁就來到劇終結尾。於是我們開啟了在大街小巷遊蕩，尋找在地旅行資訊的旅程。

「**請問，你們有推薦甚麼在地行程嗎？**」一到地方旅行社我馬上開口。

「**最適合你的行程呀，當然是Isla de Galapagos，那裡有全世界最稀有的動物呢。**」面帶笑容，不斷推薦我一定要來到這夢幻島嶼的旅行社職員。

跌跌撞撞幾家旅行社，聽了幾起繽紛的

↑
Isla de galapagosEcuador, SanCristol
旋轉跳躍，一起跳水的日子。

故事以後，我們發現這夢幻小島來歷不小，全世界的旅客竟都以此為目標奔向。

這島上據說有各式各樣罕見的動物、清澈的海灘、慵懶海豹橫行路上以及無法言喻的海底美麗世界等著你，於是吸引了無數的探險旅人紛紛來到這。

另一個大有來頭的故事是——**小獵犬號曾經來過這**。生物學家達爾文先生，這一位到達哪個領域即成為那個領域的天才翹楚，即是坐上這艘英國皇家海軍雙桅橫帆船來到這傳說中的加拉巴哥島（Isla de Galapagos），獲取了《物種起源》一書的靈感。

「**到底達爾文在島上看到甚麼，難道在那的烏龜會飛不成？**」開著玩笑的我說。好奇的我們，決定幫這段旅程多畫下一槓未知，原本只想當中繼國家的厄瓜多爾，現在多待上一個禮拜想一窺究竟這個連達爾文也瘋狂的島嶼全貌。

Santa Cruz 聖克魯斯

初抵達 Santa Cruz 機場還搞不太清楚整個 Galapagos 島群的輪廓，一拿完行李便被人群往前擠，原來所有人趕著排隊搭乘免費接駁巴士到達港口，要轉定期船班前往 Galapagos 的本島。

坐上交通船到達本島以後，最考驗旅人的時刻來了。對於一個沒做啥功課的旅客，未知的旅程往往考驗著**「口袋的深度」**以及**「腳程的長度」**。

揹著大包，抬頭望向大地圖，拇指中指張開試圖用右下角的比例尺長度換算市區與船港的距離。掐指一算，這距離長達四十二公里呀。

「這絕對不是我們腳程可到達的距離。」

放棄了走路的我們，開始東張西望，發現港口外圍的司機像獅子狩獵般，不斷用眼睛掃射著走出來的每一位旅客，恨不得從他們的身上多扒層皮。

與各個司機問話交戰了一圈後，我發現加拉巴哥島就像一捕蠅草，當不小心撞進的蠅被美妙的故事所吸引後，接下來即將付出高昂的代價。

「來到島上，七天六夜至少兩千元美金，沒噴完可能出不去。」口袋盤算未來行程怎麼省吃儉用的我說。

接著跳上天價的計程車，我們用三十分鐘二十美元的當地計程車喊價，前往七天六夜本趟最奢華的旅行。

你說我從哪推算得知？

「進入加拉巴哥島每個人需要支付機場稅十美金及國家公園門票一百美金。」

加拉巴哥島群跳躍

加拉巴哥島群是由許多大大小小的島嶼所組成，其中 Santa Cruz、Santa Cristobal 與

我們的行程計劃參考

Santa Cruz → Santa Cristobal → Kicker Rock（浮潛）→ Santa Cruz/Seymour Island → Santa Cruz

島上旅行的方式

1. Island Hopping（跳島玩）：

可以選擇一天一個小島，跟著一日團或是自己坐船去。

優點：可以自行決定在那想待多久，先做好功課更可選出想看甚麼動物再前往哪個島嶼。

缺點：無法一天一次前往兩個島嶼，就是說從 A 島到 B 島再到 C 島沒辦法一天完成，需拆成 A ～ B、A ～ C 來進行。

2. X 天 X 夜 Cruising（遊輪之旅）：

這方式可以帶你前往相對遠的小島，看看在不同的小島棲息著不同的動物。

優點：所有的費用皆包含，不用擔心今天吃甚麼、到哪裡去，大小事都安排好。

缺點：一天上島的次數有限，你沒辦法決定在那可以待的時間，且費用也較高昂。

3. 甚麼都不想，走到哪看到哪，喜歡就留下，不喜歡就離開：

這方式其實是最輕鬆的方式，因為來到島上的物價很高，卻又有個謎之音一直徘徊在腦海裡：「**趕快安排好所有行程，不然來加拉巴哥島多浪費阿。**」此時很容易一慌張就下了錯誤判斷，買了許多天價的行程，但卻不知道行程是否真的喜歡。

所以建議在跟團以前，先思量好自己到底想看甚麼動物再決定參加甚麼團。

Isla de galapagosEcudor, kicker rock：
浮潛在兩巨石底下，看見的是腐頭鯊。
↘

Isabel這三個地方是最多人居住的島嶼，彼此之間的交通可由飛機或當地快艇到達。其餘的小島則是跟當地團（Local Tour），跳島一日遊（One day tour）滿足旅客尋找神祕島嶼動物的探險家好奇心。

當然，口袋的深度決定看見神祕動物的廣度。自行跳島的費用單趟船費三十美金，要價不斐。旅客的最終決定都以想看甚麼「鳥」，囊括旅程的全部。例如：我們對於企鵝跟紅鶴較沒興趣，所以行程中省略可以看企鵝的Istabella島。

而最受歡迎的莫過於登上Seymour Island，因為這裡一次就可以滿足對於藍腳鳥、紅腳鳥……等觀賞世界珍奇異獸旅行者的好奇心。

海上跳島競賽

從Santa Cruz出發到Santa Cristobal的上午，整個碼頭塞滿了人，等待船公司將自己載走。眼神茫然的歐美觀光客、皮膚黝黑的在地離島居民混搭成島上的另一種風景。而船公司人員則是稀鬆平常地拿著名單一一唱名，不論是否到場，都往名單做上一個打勾的註記，畢竟何時開船、載多少人是船老大說了算，而我們則像被趕上船的羔羊。

快艇小船的發動聲響代表各船家跳島競賽的鳴槍，海域內的觀光船家繃緊了神經，沒忘了起跑前請旅客服用Scopolamine（暈船藥）。

上一秒面露笑容還在嗑早點的旅客，下一秒來到海上瞬間變了個樣。各船隻像是脫韁野馬不顧乘客死活在海上一一較勁，把原本有秩序、有禮貌的披羊皮狼性放出。

「這……不……是……」話還沒到嘴邊，胃裡的酸液已經來到旁邊的垃圾桶前。留下的是不受控的船長不斷把推進器壓到最底，享受他那追逐的快感。我們的感受有如坐上一艘兩小時、已經忘記停止鈕開關在哪的海盜船。船頭撞上前方浪花，整艘船身被高高舉起接著再度親吻水面，這樣一來一回不下百次的撞擊，不管乘客是否想按鈴下車，不管我們肚裡的食物是否已全盤托出。船長們毫不在意。

Santa Cristobal 海豹天堂

兩小時過去了，我們讓自己一定要用「強迫睡著」來恢復在海上已失去的地心引力，但最終吐翻不支倒地抵達 Santa Cristobal。

船支減緩了速度，旅人們漸漸恢復了意識。走出船懸映入眼簾的第一印象是，慵懶的海豹十分有秩序地躺在港口的階梯上，完全散發出一種和諧的氛圍。相較 Santa Cruz，即將登上的 Santa Cristobal 帶給人一種平靜且不擁擠的感覺。

踏上陌生島嶼，正準備尋找今晚下榻之處時，沒走兩步馬上發現一直有一個黑色長型物體在眼前左右來回蠕動，不論走到哪裡，牠都能形影不離的出現在眼角寬廣的視野當中。

「那……是不是海豹呀？」我驚訝地問。

一開始還不太習慣，原來放眼望去這島上的所有公共設施都已被牠們霸占。

↑
Isla de galapagosEcudor,
Santa Cristol：
一上岸，
由海豹來引你前進的道路吧！

問了當地居民後，發現在Santa Cristobal的海豹們與當地居民長年和平共處著。不論是港口旁階梯上躺臥著的海豹，或是陽光下做日光浴的海豹，或是剛從水中起身，像是美人魚一般全身閃爍著水光的海豹，牠們的共通點就是「**懶得爬起來**」。

曾經親眼目睹，一群海豹上岸以後，因為不願多走幾步就直接撲倒在大街路中央，完全沒注意到旁邊的居民正騎著摩托車，於是最後的畫面是：「**居民下車，小心牽過海豹的身旁，接著上車駛離。**」

我想，全世界大概也只有這能看到這樣的景象了吧。

在這島上，海豹是島上的原生住民。

不論你到達何處，每個視角都可以發現牠們的蹤跡，先別說霸占海灘這最基本的場景，牠們也顛覆了過去你對懶散動物的想像。

牠們大白天橫躺在公園的椅子上曬太陽、牠們趁著漁夫不在時偷渡到船上偷吃魚、牠們大喇喇地橫束在橋的正中央。

對於喜歡拍照的旅客們，牠們的存在像是鏡頭的濾鏡，非得在每張照片裡放上並做點修飾，最後再把自己也放了進去，證明你看到的所有場景都是真的。

在島上的兩天，我們逛遍四個開放海灘，看見海豹們其實是以家族部落的規模聚集，而每年一月正是小海豹出生開始學習游泳的季節，到岸邊踏水隨處可看到正在戲水的小海豹們，十分可愛。

但如果想靠近點近拍或是同牠們玩耍，要特別留意海豹媽媽是否在附近，因為擔憂孩

子的牠護孩心切，沒注意到可能會被狠咬一口呢。

小美人魚的海底世界 Kicker Rock

在 Santa Cristobal，你還可以跟著專業的潛水教練浮潛在高聳的 Kicker Rock 巨石間、穿梭進入海水交會的兩山縫隙，觀賞水下世界。

喜歡浮潛的理由每個人不同，但在這裡我感受到絕對的平靜。

當大口呼吸潛進水下一米處，感受到耳朵被水浸潤，沁涼的水流掠過身上的每個細胞。來到水下兩米處，四周漸暗像是來到無人的境域，此時最清晰的是自己內心的聲音。

「**好想就這麼沉睡下去，這裡真的很安靜。**」

此時，你可以選擇跟著群體繼續往前，或是為自己來到這遙遠的異國大聲呼喊「**萬歲！**」水下的你像是宇宙的唯一。

這也許是魚為甚麼喜歡待在海裡生活的原因吧。

偶爾讓身體浮上水面，隨著洋流漂浮擺動，忽然間一道海流從身旁經過，探頭下去，那樣的有趣場景是來到這的另一份禮物。

先是擺臀甩尾的海豹滑過身邊，接著望見海龜在水中飛翔的姿態，讓人不禁想跟其追逐；但繼續往海裡走，更可發現徘迴在海下十米的斧頭鯊，不知是準備覓食，還是我們已經被鎖定。

此時大可不用急著拔腿上岸，因為一來你可能游不贏牠，二來牠其實不會咬你。在這的海底風情，真像是小美人魚與賽巴斯汀，同歌共舞浪漫到不想上岸回去。

樹上枯枝掛滿的紅色物體，是氣球？是鳥？

「Frigate Bird（軍艦鳥）、Blue-feet Bird（藍腳鰹鳥）、Marine/Land Iguana（海／陸鬣蜥）是來到加拉巴哥島不可錯過的稀有動物。」觀光簡介這樣寫著。

也因為這段文字，上述的稀有動物很「湊巧」地都不出現在Santa Cruz島。是物競天擇使然？還是工作人員使出五鬼搬運法？總之不跳島甚麼「鳥」都看不到。因此，聰明的在地旅行社把可以看見這些野生珍奇動物的行程都加以包裝，抬高價格賣給我們這些才剛到甚麼都不懂的觀光客。

Seymour Island就是其一，令人又愛又恨的珍奇異獸島嶼。它位在Santa Cruz島的上方，是孵化小鳥的大本營。

上島後導遊會要求依著規劃的路線一步步走進樹林，在島上的四處皆可以近距離拍到正在求偶的Frigate Bird，漲起快要爆炸的紅色氣球肚皮，等著懂得欣賞牠的母鳥一起來場野生求偶大戰。

細看牠們的姿態，在陽光照射下閃著墨綠色的光芒，前方頂著一顆絨毛的紅色汽球，雖然看似笨拙但卻是大自然巧妙的設計，讓我看得目不轉睛。

而 Blue-feet Bird 是榮獲旅客票選，島上的當紅炸子雞。

一度被紀念品店製作成各式各樣的當紅商品，主要原因是他們與生俱來的寶藍色腳丫子，在世界上實屬唯一。

如果說上帝創造了萬物，那 Blue-leg Bird 就是祂弄「拙」成「巧」的最佳作品。有一天上帝正在繪畫這個世界，突然一隻小鳥跑過來踩翻了藍色顏料沾滿雙腳，於是上帝很生氣地說：**「既然如此，那你就長這樣吧！」**

這一切就這麼發生了。

在 Seymour island 近距離地觀賞鳥類，是來到這裡最佳的娛樂享受，但只有跟團才能抵達。

如果你問：**「來到加拉巴哥島，自助好還是跟團好？」**

本著旅行家放浪的精神，我會說既然來度假了，還是不要有跟團的壓力好。想看甚麼動物就參加當地團才是最好不過的方式。

前提是，口袋記得先加深。

度假就該漫無目的呀！

環遊世界旅行的路上，常會對下一段未知的旅程莫名感到慌張。讓我突然想到在台灣上班時，也常繃緊神經不讓自己閒著，忙東忙西結束後癱軟在床，慢慢地思量，才發現自

Isla de galapagosEcuador, seymour：
來到進化島，彷彿來到與世隔離的世界——軍艦鳥一景。
↙

己其實是害怕孤獨自處。

反饋到旅行的心理狀態，每天早上睜開眼，對於未知的茫然、無所事事，也讓旅行時兩個人的情緒莫名起伏來到緊蹦點。

此時，漫無目的就必須加點「**旅行調味劑**」。

找一個午後，走到白色沙灘看見海蜥蜴在沙灘做日光浴，在大自然游泳池裡學著烏龜亂爬行，潛進水底尋找鯊魚寶寶的蹤跡，在港邊跟著當地小朋友和海豹跳水，慢慢感受真正的開心是不再遺憾那些錯過的美景、不再盤算下一段旅程需要多少黃金、不再相信堅定的愛情是無時無刻非得有你。

世界上，美好的人事物只在當下，這就是唯一。

敬加拉巴哥島，敬偉大的生物學家Charles Robert Darwin。

2.6 Rapa Nui！

巨石文明復活節島的美麗與哀愁

雖然我走得很慢，但我從不後退。

——Abraham Lincoln

記得那天，尚未出發前往 Santiago 國內機場前，智利的當地朋友不斷叮囑我們：「去到那別忘了多帶點糧食喃，不然……嘿嘿嘿。」

語帶諷刺地微笑，讓我們不敢不聽從。前往機場時先是擠滿了大背包，接著雙手各拿一罐五公升的大水罐，狐疑的我一直想說：「真有那麼誇張？一上島馬上要來看看到底是多貴的島嶼。」

↑
Rapa Nui Chile,
isla de pascua：
海邊的摩艾
千百年無限的等待。

剛來到機場，在等待室仔細觀看了周遭的旅客，鼓出來的行李袋像知道些甚麼。一聽見登機播放，所有人像是離開家鄉二十年的歸人，拖著大包小包蜂擁登上相思已久的復活節島嶼。

那是一張來自百科全書的兒時記憶。如今，我們要一探究竟。

空景

「哇！不敢相信，我終於來到這了。十幾年前從百科全書上剪下來的蒐藏圖片，現在就要映入我的眼簾。咦？所以下面那個光禿禿的小島就是……」一路上不斷自言自語的我很興奮地說。

從智利首都 Santiago 到復活節島 Rapa Nui 的航程要五個小時，雖然從地圖上幾乎看不見這彈丸小島，但它就像是吸力很強的磁鐵，總能把想探索古文明的世界旅客齊聚一堂，搭乘唯一能飛往這小島的航空公司 LAN Airline，一票難求週週都超賣。

在這裡說的週週，其實是因為上島後並不是每天都有回程的航班，不論週末或週間到達，上島的旅客都需待上三到五天，一則捨不得，二則回去的班機每隔幾天才有，因此不提早半年預定可能還真訂不到！

一如往常，飛機降落前的機場廣播總能吸引乘客從機窗紛紛往外探，試圖在空中拍下近萬公尺高的鳥瞰照，搶先觀看這神祕小島的3D風貌。

就在飛機飛過火山口的瞬間，聽到機上旅客此起彼落地讚嘆聲。

「天啊！島上那巨大的洞是甚麼？」

「那是一個火山凹口？還是那是隕石坑？」

「接下來我們該去哪一區？」像是進入遊樂園，還沒開始遊玩前必定先觀看園區地圖。

我們用相機拍下了高空版的「復活節島去哪兒」地貌圖，腦海自動勾勒了前往順序。高空探索完畢，搭配著想去哪兒的自言自語，恰好飛機機翼擺正完美著陸。

復活節島大冒險開始了。

Moai-Hunting

一踏上島，每陣風吹到臉上都帶點鹹味。

大大的太陽，低矮的磚房，林蔭不多的街道，零星的商家，與過去所認知的度假島嶼完全不同模式，突然有點不太熟悉。

在這我就像一位新手偵探，沒有特別多的「該去哪兒指示」，而是東邊問問、西邊探探，從當地的拉帕努伊人口中找到自己獨特的摩艾（Moai）探索路徑。

而從小島恰巧遺留下來的巨石遺跡——摩艾，與想像中的不太一樣，不只是出現在印象中的海邊，而是遍佈整個島嶼。

Rapa Nui Chile,
isla de pascua：
小時候百科全書的圖片，
現在竟在我眼前。
↘

山坡上、海邊、平原處，都有它的蹤跡，像是島嶼上的守護神一樣。

好奇的我，決定一處處將這藏在各地的摩艾巨石線索連成線，找出拉帕努伊人在島上遺留下來的故事。

思緒密布成網，馬上租了一台四輪驅動越野車，按圖索驥開始找尋在地圖上有標示摩艾的地點。說是小島自由行，更像是在玩 Moai-Hunting 的賞金遊戲。

探索摩艾的過程中不是時時刻刻都很順利，一下必須越野行駛在凹凸不平的草地，一下曬著大太陽遙望遠方的摩艾巨石，卻又不知從哪裡奪門而入，因為根本就沒有實體的道路。

好不容易找到了地圖上所畫的「站立摩艾」，一到達海岸邊的現場，看見的竟是以「仆街」的姿態正面倒下。

「這也太奇怪了吧？看到的不應該都是站得直挺挺的可愛巨石像嗎？」

在此時的我，還不知道身為遊客的我們所看見的摩艾，多半都有「重置」過。

在復活節島上四處閒蕩漫無目的，只要哪裡有石像就往哪走！？

一路經過了遍佈最多摩艾的 Ahu Tahai、Ahu Akivi、RanoRaraku 和 Anakena Bay 地區。

據說，在復活節島上有多達八百八十七尊石像，且多半是半身露出，整齊排列在四公尺高的長方形石臺上，背向大海。

仔細想想，一具目測高達十公尺，重量從幾十噸到百噸的摩艾，到底是怎麼出現在海邊的呢？

出現在眼前的各具石像皆有著不同面孔、不同高度、且甚至有些是戴上紅色帽子的。其中最讓人印象深刻的是Ahu Tahai一尊具有大眼汪汪眼睛的摩艾，在那賞日落的畫面聽說是最美的。

而我站在此尊摩艾的面前，一動也不動的足足有三十分鐘。

「我的夢想成真了，小時候的那張百科全書照片景像，如今出現在我的眼前。過去對自己訴說的那些夢話，是否現在我真的一一實現了呢？」

雖然不知道為甚麼它要在這站立數百年，但我相信所有的真相在RanoRaraku，號稱「摩艾工廠」的山坡上可以找到答案。

RanoRaraku

多次直擊面朝地面的摩艾石慘案現場後，我加速前往RanoRaraku，號稱島上所有摩艾製造地都在這的小山丘。

與其說是產地，不如說是一本摩艾的產品目錄。

在這片草地山坡上，擺滿了各階段製作的摩艾石像，有些是只露出頭部的摩艾，也有身長達十公尺，考古掘地後發現土丘下藏了五尺的巨型石像。背後嵌上了許多看不懂的象形文字。

↑

Rapa Nui Chile,
isla de pascua：
摩艾製造石場，
像是來到巨石村一般。

沿著步道走在大大小小的摩艾石像坡道旁，感受不像是來到製造所，反倒像是來到摩艾墳場。而我們一一觀看著不同面孔的摩艾深邃臉孔回望。

終於我爬上山丘的頂點登高望遠。

「哇！這是廣大的太平洋呢，我的家就在跨越千里的遠方。」

突然間，思鄉的情緒湧上心懷。離開台灣一百天後，第一次如此想念著同是太平洋島嶼，卻乘載著不同歷史重量的台灣。

巨石文明的興衰

復活節島的美麗與哀愁在我來到這的某一天晚上，當地人エ（拉帕努伊人）緩緩向我訴說。可能是酒精使然，可能是太過沉重，我忍不住眼眶泛紅，不小心滴下了一滴男兒淚。

「我們的祖先 Hotu，是從遙遠的地方划著獨木舟來到島上的。那時祖先不只帶著高超的航行技術，還帶有各種水果、食物、家禽來到島上，漸漸開始有了家族及部落。」H 接著說。

「祖先 Hotu 帶領家族定居在島上的數百年後，人口數量迅速增加，當時約有一萬多人在整個島上生活。因為祖先的家族後代太多了，所以在島上各處行程分支，各自占領著不同領地範圍。因此，島內開始有了不同部族間的交易及政治、社會階級。」H 自豪地繼續說道。

「那這些巨石像和你的祖先們有甚麼關聯呢？」迫不及待的我想知道答案。

「我的祖父曾跟我說過，千萬不要隨便褻瀆石像。它曾經是我們酋長權貴們的象徵。在過去，島上共分成『長耳人』與『短耳人』兩種階層，長耳人社會地位較高，有些會在耳垂上穿孔並戴上耳夾，通常是酋長與祭司。而短耳人社會地位相對較低，為勞動者。所以你看到的摩艾石像，通常耳朵是長的還短的呢？」H笑笑地問。

「長的！所以摩艾都是用來紀念酋長或社會地位高的人呀。那戴紅色帽子的呢？」我問。

「哈哈，你真聰明！戴紅色帽子的據說是祭司才有的象徵。祖父曾告訴過我，對他們一定要尊敬。」H說。

「那石像們是怎麼來到海岸邊的呢？從山丘上推下來感覺不太可行。」我好奇地問。

「Hauhau，那是我們島上的一種樹，它的纖維很堅韌可以做成繩索。我們透過它做成的繩索與棕櫚樹製成的木橇，將摩艾運送到全島各地並豎立起來。」H說。

「可是……」H遲疑地說道。

聽見精彩故事的關鍵往往來自轉折語。

「由於島內資源有限，過了幾百年後各族開始分化並掠奪島內物資，原先的社會結構瓦解，島內開始充斥著戰爭。原本受尊敬的石像化身，慢慢的被拋棄在RanoRaraku的採石場和運送的途中。在十八世紀尾端，島上的居民吃不飽，每天部族間的戰爭不斷。島上

的各氏族不再相信石像是保護居民的象徵，開始推倒摩艾，更甚者砍下摩艾的頭顱。」語氣漸緩的Ｈ說。

「所以我看到『仆倒在地上』的摩艾，是正常的呀。」我恍然大悟。

「那些站得直挺挺的摩艾都是重新被扶正的。一九七〇年後智利為了復甦島上的觀光，將他們扶了起來並對世界大肆宣傳，充滿神祕的巨石像——Moai！」Ｈ說。

摩艾石像的美麗與哀愁，在聽完故事以後，讓我更相信世界不是平行的。觀光客眼中的文化遺跡，是當地人不願面對的過去。

掩蓋歷史、闡揚觀光也許是世界各國正運行的提倡旅行方式，但知道真相後的旅者，開始有千百個不願意。

鳥人文明的故事

記得在坐飛機時默默記下了火山的位置，於是在最後一天早上，我用剩餘的時間騎上腳踏車登上火山，想一探它那寬口的樣貌。

這是當地有名的Rano Kau火山國家公園。登山到這的旅客不外乎是來看這驚訝到下巴會掉下的火山凹洞。Rano Kau火山雖然已不再冒煙，但在這可以清楚看見火山出煙口，以及火山環口面向的太平洋。

「摩艾被推倒後，其實還有後續。」Ｈ先生那天晚上所說的，又喚醒了我腦海裡的橡

**Rapa Nui Chile,
isla de pascuaRano Kau：
騎上火山坑，
要經過一段很長的陡坡。**

皮擦。

「在所有人都對巨石像失望後，開始了島內的鳥人競賽。每一年各部族都得推派一名勇士，他必須徒步登上 Rano Kau 火山，並設法攀到火山懸崖處，跳下太平洋游泳，並來到不遠的小島 Motu Nui 上，在島上取得鳥蛋後，再度游回本島，攀到懸崖上。」

H笑笑地說。

對於這小島，旅行者知道的甚少。絕大部分來到這的人，都用膚淺的方式看待著那已不被擁戴的過去文明象徵。

而我一腔熱血、汗流浹背地騎腳踏車登上火山，獲得的是涼爽的太平洋風，以及尋找小島在哪的雙重享受。

「爽快！」

經過幾天的摩艾石像大冒險後，我開始祈求時間可以暫時凍結在此刻。那些島上所賜予我的，是太陽輕撫臉龐的溫度、吹亂秀髮也不生氣的太平洋海風，及拉帕努伊人願意用生命與我交流的一切。

那些來到我身旁的碎片記憶，在未來的某天，都能讓腦海裡的細胞再次活躍。憶起腳下的草皮軟、嚐到海風吹來的鹹味、還有復活節島上那站立不動幾個世紀的巨石像。

有些地方一輩子可能只會到過一次，或許是前往的旅費太昂貴，或許是跨過太平洋需要花上點時間，或許是它太過美麗，今生只想有一次的美好邂逅。不論原因為何，對我來說復活節島一輩子來一次，就足以永遠烙印在我的心中。

2.7 Titicaca Lake！

世世代代
飄浮在水上的人們！

生活不只是眼前的苟且，
還有詩和遠方。
——高曉松

在一連串和南美洲人的眼神對戰「**你……該不會是想偷我吧？**」、逃離Arica黑手黨聚集的城市、從火車站走出遇上的掮客疲勞轟炸、來到市場殺價還是買貴……等不可避免的城市旅行生活後，我選擇暫時遠離喧囂，來到世界最高的湖泊——的的喀喀湖（Titikaka Lake）。

在那島上的生活，也如旅人一樣日日夜夜過著浮萍般的生活。但不一樣的是，旅行也許可以是短暫，體驗過了還能再回到都市感受城市喧嘩。

而這裡，活在湖上的印加人們，他們在這已過千年，世世又代代在水上築起了他們的家。

遇見的的喀喀湖上古印加人

從文明的發展史細讀，不論是兩河流域孕育出的古文明—美索不達米亞，或是尼羅河旁吉薩巨大金字塔的埃及古文明……等，都有著一項共通點：「水」對於一個文明的誕生，飾演著舉足輕重的角色。

凡有水的地域，就可能有人類聚落的存在。的的喀喀湖，無可厚非，具備了孕育南美洲古文明的基本條件。從兩千年前 Tiwanaku 古文明（西元二〇〇年～西元一〇〇〇年）的誕生到南美洲最偉大的黃金帝國——印加（Inca）古文明。

的的喀喀湖可說是印加古文明的濫觴。

↑ Titicaca Lake Peru, Puno：湖上島嶼的人們，正過著原始的生活。

陰錯陽差，一個為逃離統治而促成的湖上文明

在 Tiwanaku 文明被取代並同化的兩百年後，強大的印加人統治了整個南美洲，但有一部分的人們因不服印加帝國的統治，一路躲過印加人的通緝，最後選擇漂流到的喀喀湖上躲藏，沒想到一躲就是幾個世紀。

直到印加帝國被滅，西班牙人統治了整塊中南美大陸，他們繼續選擇與世隔絕的生活，漂蕩湖中央，沒想到陰錯陽差就成為了保留古老文明的精髓——印加古語（Aymara）的稀少部族。

漂浮的島嶼 Uros Island

「**Kamisaraki!**」（古印加語：你好）是我們乘坐當地遊船靠在浮島（Uros Island）所聽見的第一聲問候。

一群熱情的居民穿著傳統服飾，面容黝黑，露出潔白的大牙，像是等待第一道曙光那樣的喜悅，歡迎著我們的到來。

我一個信步跳上這滿地束絲的黃色島嶼上，有種說不出的「酥麻感」像電流由腳竄上全身。

「這島這麼軟，會不會沉下去呀！」是我給浮島下的第一道評語。

環顧四周，這個咫尺大小、一眼可望穿的草廬島，是二十位居民一生相伴的家。

在這約十五平方米的草廬島上，居民們不論食、衣、住、行都得靠「蘆葦草」（Totora）主宰生活上的一切。

而我腳底下所謂的「陸地」，就是居民用 Totora 一手打造的「蘆葦天地」，每兩週便要重新編織新的一層陸地，不然家園就將沉沒。

天空下雨了，居民常常無法躲避，於是用 Totora 蓋起遮風避雨的「蘆草屋」，但其大小和台灣人的家裡廁所差不多大，因為太大的屋子容易倒塌。

生活在四周資源貧瘠的高山湖泊上，要填飽肚子得靠著 Totora 的根解饑。

島上的成員如果增加了，就自己創作新大陸。

Totora 像是造物主賜予他們生存的根本，讓浮島民族循環不斷的「造島」生活。數百年如一日，貧乏困苦中在地球留下一絲蹤跡。

島上居民獨家訪問

才剛下船，島上居民熟悉地引導我們到一處交誼空地，開始給遊客十分鐘的島內導覽。

由於來到這的遊客多屬西語系的國家，唯獨我們只聽得懂幾個西語單字。我們馬上就獲得了特權，由島上唯一會講英文的「D 先生」拎著我們一步步環繞島內介紹一番。

Titicaca Lake Peru, Puno：
浮島乍現。 ↘

「在這個島上只有五戶人家，共十五個人。而我是唯一會講英文的男人。還記得當年那位教我英文的朋友，大老遠從本島上划船過來帶了很多昂貴的書本，並決定住在島上幾個月，只為了要教會我英文，我真的很感謝他改變了我們全島的命運。」D先生語帶微笑地說。

一邊說著，一邊帶我們走向島上的村民聚會所，雖說就這麼兩三步路，但這也就是他們鄰與鄰相間的距離。

我們拜訪的時候已近中午，島上的所有居民正忙著準備全島人共食的午餐。

「散落在地上的烤爐是我們烹飪的唯一器具。我們用蘆葦草乾燥的根為柴火，每次使用時都會特別小心。因為爐火在這非常危險，很容易讓整個島燒起來。上個星期才有一棟房子因此被燒了。」D先生指著地上凌亂的炊具。

圍繞在烤爐的四周有幾間蘆葦屋，D先生打開了其中一間房門，招手請我們進入看看。

「這裡就是我的家，我和我的家人一家三口就住在這。」D先生說著，還硬要我們非得坐在床上感受一下。

好奇的我，探頭望進昏暗的蘆草房裡頭。兩坪不到的房間被一張雙人大小的床幾乎占滿，在床沿則是掛滿了春夏秋冬四季的衣服。而在床的旁邊擺了張小桌，上面疊滿了雜物。

不忍心觀看的我，怕D先生覺得我太世故，還是手指著那台唯一看起來最像現代物品的「老舊天線收音電視機」問了問。

Titicaca Lake Peru, Puno：浮島上的D先生。

「這台Radio還有在使用嗎？」我指著問。

「當然！這台電視機可算是我們全家的寶藏，有了它我們才能得知外界的資訊呀！」D先生自豪地說。

「因為在島上我們沒有電，所有必須接電的產品我們都不會買，晚上太暗我們沒有電燈，所以小心地使用蠟燭，但有時也差點燒了我的房子。」

「所以我現在正努力賺錢，為了要買個太陽能發電板，接著可以接電燈到我房裡，這樣我的女兒晚上就可以看書寫功課了。」D先生感慨地說。

雖然知道在這所聽到的每句話語都很有可能是D先生為了博取同情心的話術，但真實的情景擺在眼前，總讓人無法相信這一切的真偽。

於是我問，那你們家族從以前就住在這

Titicaca Lake Peru,
Puno：
Rib Boat 交易船。
↓

島上了嗎？

「喔，當然不是。我記得我出生的時候還沒有這塊浮島呢！我是在 Rib Boat 出生的，接著我們用 Totora 建起了這座島，開始在這生活。算起來這個島也有十五年的歷史了！」

「來！來！來！我帶你去看看甚麼是 Rib Boat。當然，這艘船不是我出生的那艘，是新建的！」D先生帶我們繞過了幾間屋子。

接著我們看見了，浮島人出身就漂浮在湖上的證明——Rib Boat。

說是「產船」，不如說是一座帶有雙頭的龍船。不意外的是一艘由蘆葦製作出來的船，但卻也是島上居民聯外的交通工具。

據說，這樣的一艘蘆葦船，在各個浮島間也有著較勁的意味，所以浮島居民們在島上的勢力，由船的大小和雄偉度，也就能略知一二了。

生生不息的蘆葦草精神

在登島的短短一小時內，如同走進時光隧道一般。看見這群古印加人為了存活，艱辛地和大自然在爭地搏鬥，創造出僅屬於他們的一套生活方式。

在世界走向資本主義時，他們依然選擇漂蕩在的喀喀湖上。即使環境再差，他們依舊堅持他們的生活信仰，完整保存了世界一處文化的價值。

在我剛踏上這塊島時，撲上來解說的 D 先生，雖然讓人感受到淡淡的商業氣息。儘管很多人認為文化的傳遞不應該是用觀光的方式來綿延，而是用書本、用教學、用文獻來保存文化的珍貴與永恆。

但就一個長年與大自然討生存的古老文明來說，生命總是要找到出口。

在廣大的的喀喀湖上，藉由與旅人的接觸進而傳揚浮島居民的真實生活，保存獨特的浮島文化精神。

這裡有著全世界最獨特的蘆葦草生活百科全書，千百年來世世代代居民用生命來守護著它，等到有一天旅人的來到。

而我們就像結滿細絲的蒲公英們，將它再帶往其他處。

謝謝你們用蘆葦草精神教會了我們這麼多。如今我們載滿知識要飛往別處了。

Jakisinkama（印加語：再見），我在 Titikaka Lake 上的朋友們。

2.8 Uyuni！

天空之鏡！日本人的南美旅行爆咖！

千里之行，
始於足下。
——老子

傍晚時分，我們踏著鹽湖中倒映的雲朵走入畫中。依稀記得那天的天空像一幅大膽用色的油畫，其隨興勾勒的筆觸將我們也覆蓋其中，渲染之處無不像油畫大師陳澄波在「淡水夕照」裡等待夕陽時的浪漫情景，惆悵一日即將沒了卻又讚嘆自己竟能身處美麗的風景裡。

「這裡是一生一定要來一次的天空之鏡呀。」隱約聽見日本人這樣說著。

如何申請玻利維亞簽證

請參考外交部領事事務局：
https://www.boca.gov.tw/sp-foof-countrycp-01-196-8ebb7-1.html

↖
Uyuni Bolivia,
Uyuni salt lake：
日出來了！

Uyuni Bolivia,
Uyuni：
路上買來的芭比娃娃，
在這用途百百種呢。

日本人標準旅行模式

記得幾年前去了日本電影《在世界中心呼喊愛情》在澳洲拍攝的場景 Ayers Rock，那時看見一團團的日本朋友蜂擁而至，心中倍感詫異。想說世界這麼大哪裡不去怎麼都來這？

沒想到這次來到玻利維亞的 Uyuni，再度看見日本人團團緊連，瞬間像來到日本村一樣的景象，讓我想起前幾天在 La Paz 遇上一位初出社會的日本年輕人。

日本年輕人 KAZU 花了一整個年度的年終特休，從日本經邁阿密轉機來到玻利維亞，光是同班機就幾乎擠滿了整座經濟艙的日本人，彼此不認識卻都用了特休飛過大半地球，來到這個 30 分鐘可逛完一整圈的 Uyuni 小鎮。

「Whyyyyyyyy?」我搔搔頭，嘴巴用著日本人故作驚訝的拉長聲。

KAZU說，因為日本電視上常常播送這裡的神祕景色，接著聽上班同事提到，坐電車時偷聽到，朋友聚餐也不出這話題，彷彿那是一塊日本人必到的新大陸，自然而然他買了票，整趟旅程沒有其他的目的地，三十小時的飛機一醒來就在這了。

說著說著，我慢慢體會到日本人從幕府時代開始，三代人生只為做好一份工的職人精神。快轉到現代，旅行職人每天受日劇、電影、小說的洗禮，將極限體能王的活力轉向征服神祕的南美大地，那裡是天空之鏡。

而Uyuni這為了觀光客而生的南美小鎮，就正大光明地接下了日本職人的挑戰。將晝夜一次劃分出來，「**One-Day Tour全日團**」和「**Sunrise Tour日出團**」讓來到此地的旅客，依著地形特色及日夜光影的不同，將僅屬於你個人的互動表演秀帶走。

聽著說著，準時來到出發集合點的我，體驗到何謂日本人的瘋狂。

擠滿亞洲臉孔的旅行社

近Uyuni火車站前的大街上，擠著十來間掛出不同國旗的旅行社。

很有趣的，只有一家店門口擠滿著許多亞洲面孔，每位在等的人手上都帶著同一本旅遊書，同樣的打招呼方式，連拉長的尾音聽起來都這麼的一致。

它是日本人旅遊教戰手冊《地球的步方》唯一指定的專屬旅行店——HADAKA Agency，不太會說日文的我一度想融入人群裡，蹭一下日本人的優惠。

但不三不四的東京大阪腔，想必就像一位外省人要說流利的閩南語有先天的困難。惱羞的我，決定向另外幾家旅行社詢問，看看這家日本人專屬的店是否只是道聽塗說，沒想像中的獨特。

輾轉周旋了幾番，發現數家旅社竟然都沒有「一早前往天空之鏡看日出」的行程，而這些多半是歐美人開的店！？

「來到南美體驗一個『日本人的獨家』，歐美人難道都不走這行程的嗎？」我默默買了單，但心裡卻不是滋味。

日本人和歐美人喜好不同

還沒來到這以前，從網上查到的照片出現了同一地點兩樣世界的驚人畫面。

第一種世界，是一望無際的白色鹽田，由近而遠呈現乾燥的白色沙漠樣貌。

第二種世界，呈現水映天藍，地天交印的全反射狀態，像地面鑲上一塊鏡子一般。

有趣的是，這兩樣世界在一處同時發生，但變化於日夜交替、燥濕交融之間。

仔細觀察，發現每張原本應該單調的白色鹽田照片，總是不單調地被歐美背包客創意所渲染，一下是侏儸紀世界恐龍襲擊人類、一下又是人頭被舉起的前後景特效畫面。有時更上演時空穿越劇，一群人走進到看似百倍放大後、剛吃完的玉米罐頭裡。

「這應該就是西方人最愛的黑色幽默吧！」

Uyuni Bolivia,
Uyuni：
美式拍照。

畫面一轉，同一地面兩樣情。大地覆蓋了薄薄一層的淺水層，高度不過腳踝，一群戴著漁夫帽的日人手拉著手伸展到最開，三人或五人為一伍，兩側的人手近觸地，水無波紋靜止的時刻，天、地、人反射在水面上，像是3D剪紙，對摺後的真人平行世界，不被期待的風隨時伺候，旅人捕風捉影按下快門的瞬間，畫面成為永恆。

無形有形之間，顯現東方智慧的博大精深。

「兩種世界在一次旅程當中，我都要了。」

凌晨四點被鬧鐘吵醒，一整天都獻給了Uyuni。

誇張的驚訝聲及不間斷的拉長音，日本式填滿對話空白

不意外地坐上小包車，追著濕季的尾巴前往鹽田區。

Uyuni的旅行旺季，通常都是一天出好幾台追日出的車子，每車湊滿七個人。剛剛好的日本人社交距離，

↑
Uyuni Bolivia,
Uyuni：
拍出有個性的
照片吧！

開始了日本人的友好寒暄，入境隨俗在南美的車上有點違和感，但此起彼落的「嘿～」「哦～（驚嘆語）」一瞬間颳起了一整天的日本風。

「原來日本的男生也很愛用拉長音來填滿對話中的冷場片段啊。」用旅行來認識一個民族的內在形式。

藏不住心中的好奇疑問，前往天空之鏡的路上，我忍不住問了同團的日本朋友：「到底是甚麼原因，所有的日本人都一股熱血跑來看天空之鏡呢？」

他說：「因為它非常有名呀！不論是節目或是廣告，在電視上都常常播送，久而久之自然覺得要親身走一趟呀！」

看來，KAZU 果真沒騙我。於是我繼續問了下去。

我：「**喔！所以玻國是你們目前全民瘋狂且最憧憬的國家嗎？**」

日本朋友：「**算是吧！那你們台灣呢？都喜歡去哪個國家旅遊？**」

我：「**哈哈，我想是日本吧！**」

先是一陣拉長音「嘿……？」近乎兩秒鐘，接著全車大笑。

一趟有感的旅行，常常來自路途上不期而遇的人、交談過的話語及共同經歷到的那一片風景。

這一天，我們一起共度了在無光害的鹽湖觀看星星，司機大哥偶爾把車燈關掉讓星河清晰地灑落一地，伴隨著日人的讚嘆聲、拍手聲，默默地我不自覺抬頭仰望。

眼底星空，我們像純真的孩子旋轉跳動。

Silk Road！

2.9

玩轉絲路，揭開西域神祕面紗！

跟隨人群的人通常會比人群更進一步，獨自走路的人可能會發現自己身處前所未有的地方。

——Albert Einstein

小時候對國外風景的記憶，總是喜歡停留在那些看不懂的文字描述中。時而固作揣摩畫在紙上，時而索性把它背了下來，以備哪天真的到了那兒，閒來無事也能順口念出來和身旁的夥伴說說嘴，一表讀萬卷書行千里路的假文青志向。

真沒想到，曾在歷史課本上讀到的一段話，鮮明的烙印在腦海中，如今也讓我們給瞧著了。

兩千年前西方神祕面紗從這裡開始

「新疆維吾爾自治區，為中國面積最大的一個省級，占全中國六分之一土地。境內地形複雜，由三山夾兩盆劃分整塊地域，以天山為分界線，北邊為北疆，多有豐美的草原地形。而南方的南疆則以浩瀚的塔克拉瑪干沙漠著稱。以崇拜伊斯蘭教的維吾爾族為主要人口組成，種族性複雜。」記憶到這，畫面漸漸展開。

過去那段東西方文化交流繁盛的光景交錯，現代來看是殘破不堪的土丘斷壁。兩千年前在中國稱作「西域」的神祕面紗，才揭開紗沿，瞥見的即是東西方帝國（中國、羅馬、印度……等）各國御史連同馬車隨眾的必經交會處所！

好比現在機場的樣貌，可以看見各式各樣不同膚色的人在裡面穿梭。以前的西域就像如此，但更顯誇張。不僅是珍奇異獸，胡琴音樂，詩書禮經，傳奇故事，甚至是我們大家常吃到的葡萄、西瓜、

↗
Silk Road China：
拜訪絲路大漠，
面紗不能少。

哈密瓜……等都是那時候藉由西域傳到世界各處的。

盛況空前，像一壺大染缸把世界各民族都吞進裡面，染滿不同文化色彩後再一舉吐出來到各自想去的地方。

而我們也因為太想融入風景畫面，入境隨俗在頭上悄悄地抹上一頂伊斯蘭教色彩。

中國地表最炎熱的地方——吐魯番

每走過一個陌生城市，那些讓人啼笑皆非難以忘懷的地名，總會讓我聯想到惡人常居上風的兒時卡通。吐魯番就是其一聽起來像「古代外邦番眾」聚集做壞事的大本營。卻也是踏進新疆大門，舊時西域的入口之一。

Silk Road China：
吐魯番路途中遇見搭牛車的小孩們。

但因為地處低窪，平均高度比海拔低了近五百公尺，周遭群山圍繞讓它像個蒸爐。當夏天的太陽公公發威，照進這有如平底鍋的地面時，溫度常常一飆就達五十度以上，不僅讓生活在這裡的人們每天像熱鍋上的螞蟻，不為甚麼匆忙，常常只為了躲開夏季的太陽，一天就這麼過了。

雖然都已經這麼熱了，當地人出門的第一件事情還是把全身都包緊緊。不知道是宗教信仰力量的偉大，還是只是害怕被炙熱的太陽灼傷。

很多人都會問我說，這地方這麼熱，一天豈不是要洗很多次澡!?有趣的是，這裡的氣候暗藏著一樁天大的祕密，就連害怕洗衣服一天無法乾的行軍型旅人們都差點兒說溜嘴。

據我們在這汗流浹背待了兩個星期的重大發現，一件旅人在外能不洗就不洗、穿上一個月也不嫌髒的難洗衣物：**質料既厚且難乾的牛仔褲料**。

在這裡的故事是，曬在吹不到一點兒風的室內，不出兩個小時也能像葡萄乾一樣乾癟，更別說是真的葡萄了，難怪到處喝得到美味的葡萄酒和葡萄乾。

沒話說，這裡也是全中國產葡萄、西瓜、哈密瓜等熱帶水果的大城。如果在產季的時候跑來，平均一顆西瓜才不到臺幣三十塊，有時候甚至買一送一大方送。

《西遊記》沒告訴我的——高昌國

此外，新疆的絲路上，典藏小時最愛的枕邊讀物《西遊記》的真實場景。一巒一巒火紅色的尖形山丘，以及被芭蕉扇煽過後凹凸不平的線狀溝紋，《西遊記》裡所說的「火焰山」卻是他們城市往返之間最接近日常生活的風景區。

找尋孫悟空猴子殘留的耳毛之餘，在西域聽到的是不同版本，但又是真實到不行的地方居民口耳相傳感人故事。

當年唐太宗派遣唐三藏前往印度取經時，在這的西域三十六國大佬們其實都很不配合，不是要收高昂的過路費，就是要綁架幾個人質玩擄人勒索的遊戲。

而統治吐魯番這區域的是由一位德高望重的西域「高昌國」國王所統治。他非常欣賞唐三藏的膽識，也為了讓他能完成取西經的這項偉大任務，不僅禮遇他來家裡坐坐，且一次招待就是數個月，直到唐三藏離開以後還給他西域各國的通行證，讓他能在這片土地上通行無阻。同時在他離開以前，邀請唐三藏取完經以後一定要再回來敘敘舊。

當唐三藏順利取經回來，經過絲路想順道造訪高昌國王時，沒想到人事已非。高昌國已然在戰爭中被消滅，整個國度留下的，僅剩幾只破碗及一堆堆的小土丘陪下葬。

雖然高昌王國不在了，但這段感人的故事傳遍當地民族已世世代代。等到像我一樣的旅行者，拂過風塵千百年以後再度造訪同一個高昌，儘管少了胡笛與高杯撞擊的宴會風情，

Silk Road China
吐魯番，
高昌古城
無從訴說的風情。
↘

卻也依稀能聽見黃土塵堆間，腦補上的蕭瑟樂聲，以及那片山景、那段感情、那張皺紋堆滿整個額頭的老人臉。

好似遠方已然瞥見一道冉冉升起的烽火狼煙。

CHAPTER 3

換個角度思考，旅行的一百種可能。

Must-Do in China!

3.1 蝦！呆灣人遊大陸沒想像中簡單！

語言只是一種溝通的工具、橋樑。

——嚴長壽

在中國旅行的路上，偶然在坐火車時聽見幾位聊是非的大媽們，正七嘴八舌聊得津津有味。不一會兒，沒想到也聊起了我美麗的家鄉——台灣。

「你們說的都太普通！我上個月去了台灣，真不是我要說，還真夠便宜的呢！旅行社出清，七天「精緻台灣旅遊」狂甩九九九元（人民幣），我看到馬上打了錢過去。」大媽說道。

「一到台灣還真給開了眼界，早上七點我們就到陽明山賞花，那裡的甚麼海芋還真漂亮，中午來到『臺中』日月潭，山明水秀，還有台灣當地的原住民唱山歌，一整條船熱熱鬧鬧的。晚上是重頭戲了！領導帶我們到墾丁的酒吧一條街，人擠的跟甚麼似的，好幾位穿得好火辣的人妖在台上轉圈兒，台灣真的太好玩了！但不知道為甚麼，台灣人都不用微信，打錢好不方便。」大媽說得口沫橫飛。

我在一旁差點雙手摀不住竊笑，怕沒換過氣來讓大媽們發現了，一旁就坐著一位來自島國的呆灣人。

大媽一天搭車從台北到屏東眼下的台灣，和我活了二十八年的島國似乎是兩個平行時空。

「九九九元人民幣也太賤價了吧！」

不禁感到好奇的我，開始想知道如何生

↑
Must-Do in China, China：
黃河九曲第一彎夕陽西下。

活在一個對外資訊不透明、打上小熊維尼、習大大……等字眼會自動被消失、想翻牆換個軟體交個朋友也可能因為被逮到，而需繳上大筆莫須有的費用。

罪名可能是：「**這是一個『被禁止使用的社交軟體』，因為你可能正洩密給這個世界！**」

說到這，我大膽猜想可能每位遇上的大陸朋友，都帶有一個外人無法懂卻又難以隱瞞的國家機密吧。

記得在還沒出發前往中國時，我們在台灣費了許多力氣，以為谷哥大神（Google）搜尋萬能，但依舊栽了個蔥。

「**還真是要甚麼資料沒甚麼……？**」

如果你正準備出發大陸邊疆遊玩，旅行三個月的我們親身體驗：「呆灣人遊大陸，沒你想的簡單」，可能帶給即將來到大陸旅行的你一次全面認識。

你沒意料到的，舌尖上的中國

前幾天偶然看到一檔大陸節目，可說是經典中的經典，排場不輸小時候阿公還在時最愛看的《大陸尋奇》。開場有皇帝御膳的山珍海味一一上菜，短短三秒鐘吸取了觀眾的靈魂，接著「百分百官方」的中國主持人字正腔圓訴說了一段對祖國美好的讚賞，畫面由遠而近來到中國某個茶料理小鎮，揭開對歷史濫觴的黃梅調。

每每觀看都連聲叫好，彷彿旅途上可以吃的跟節目主持人一樣。但實際上，大陸電視節目裡看見的色香味，與旅人親身試驗的真實口味好似有些技術性的落差。

• 浙江美味——小籠包

聽說上海小籠包皮薄、汁多、肉Q彈。

真實的情況是走了三間老店，沒有品嘗到太多的皮薄汁多，反倒是我的腰內肉增加了幾層Q彈。來到上海，絕大部分的小籠包吃起來像是鹽加太多、肉沫太飽實的「偽」裝品。

「**也許是江浙人口味較重吧。**」換個省分試試。

• 外邦美食——羊肉串

記憶中中國絲路上最有名的，是炭烤牛羊肉串。

在我們一次次的路邊攤挑戰後，發現孜然粉果真是一絕。但必須摀著鼻子吃，克服那無與倫比的羊騷味。因為就在品嘗的五分鐘前，側邊大街馬路上正上演一齣小羊放血秀，五分鐘後即烤完送上餐桌，從產地到餐桌BRAVO。

「**也許是新疆人口味較重吧。**」換個省分試試。

• 美食天國——四川

「食在中國，味在四川。」被這聳動名號吸引的旅人不下其數。本打算來個川味美食之旅，沒想到真的是挺「穿胃」。

Must-Do in China, China：
成都傳說中的
四川麻辣火鍋。↓

第一口串串香……**「嗯，有點像是全麻辣口味的滷味。」**

第二口口水麵……**「麵條粗，但吃下肚裡，胃開始抽筋，未免太麻了吧！」**

第三口四川冒菜……**「天啊，快不行了！成都美食吃起來就像日本大胃王『麻辣』挑戰賽，吃一口菜麻一整天，怎麼受得了？」**

結果老媽兔頭、四川麻辣火鍋、紅油炒手……等，還沒吃就已帶著敬畏及屁股恐怕撐不住要噴火的危險。

「也許是四川人口味較重吧。」換個省分……

就這樣，一段舌尖上的中國旅程，最終我選擇最平凡無奇的「西紅柿炒麵」，一道不論走到中國哪一省分都安全的中國家常菜。令人驚豔的是，凡是任何一間店點的麵，竟然都是師傅現場擀的手擀麵！

「麵條Q彈、番茄汁多、蛋香甜。」

你可能不知道，呆灣人其實是「國外貴賓」

中國和台灣若即又離的關係，從台灣旅客入境中國開始就有許多模糊的定義。

像是通過海關時：**「你你你，台灣來的？走這邊。」**機場保安吆喝著，深怕台灣人不知道我們屬於「本國人通道」。

像是景區售票處：**「這張學生證怪著了，怎麼在中國文化大學卡片背後，有著一〇二學年的印章啊，這一〇二指的是？」**票口店員滿臉疑惑。

我回：**「是這樣的，這個是台灣學校的戳記呀，不用西元年的。」**

「台灣來的呀，我們內地人不讓去，原來台灣也有間文化大學呀！」店員雖嘴巴呢喃，腦袋卻也認定是中國自家人，最後給了半價優待票。（中國景區學生票都是半價）

但說到住宿，台灣人的待遇又似乎高了一層次！？

「台灣人！？通行證拿來我看看！」路旁一間小旅舍老闆不耐煩地說道。

很不服氣的我拿出了綠色的護照，和當年還是淺綠色一本的台胞證。

「這是啥？我打從出生第一次看到台灣的護照！不行不行，我們這裡台灣人不讓住的。」

聽到這，不禁覺得既憤怒又好奇，不是說台灣同胞自己人嗎？

大陸政府有明文規定：**「凡入住賓館、旅館、酒店等……皆需登記並於二十四小時回報。另外，在國內某些省分區域，不允許舊式二級賓館接待持有二類身分證明者與國外散客入住。」**

此二類身分證明，就是**「港澳台通行證」**的我們呀！與國外賓客歸在一塊，住宿水平也依照「國外貴賓」比照辦理。

換句話說，窮酸背包客如我們常常坐車到達一不知名的小都市想找個住宿，但一走進廉價旅館馬上就知道下場如何。

時而連人帶包飛奔而入，時而連滾帶爬哭泣而出！

但別失望，秉著背包客精神的我們，一路上當然也多次進出廉價旅館，要省點錢可是要有些絕活。以下是不同旅人的應對方式：

- **下塌預算兩百元人民幣至無上限**

您是大爺，請直接進駐三星旅館當個爺，茶來伸手飯來張口多快活。

- **下塌預算五十五元至一百二十元人民幣**

您請耍賴，快與旅館老闆談談情和義，本是同根生，相煎何太急呢。

Must-Do in China, China：
濾沽湖──傳說中的女兒國。
↘

我常在櫃檯前，訴說曾如此這般入住其他省分的故事，心腸好又軟的老闆有時會讓進。

但如果妳是女背包客的話，請大膽演出**「吾家有女初旅行」**，面抵右斜下 30 度若有所思，眼角泛個小淚光。包準很快就能入住。

以上方式曾在麗江，大理，康定，馬爾康，若爾蓋，嘉峪關……等市鎮都試過。

• 下塌預算五十五元人民幣以下

這招不要亂學，拿單法：中國之大，每個當地都有些不成文規定。

據說在禁止入住的某些地方可以到警察局拿一張**「短暫可入住證明」**。我們曾在大陸瓜州嘗試過。在好不容易拿到證明以後，才發現這位波麗士大人眼睛脫窗，把身分證號寫成台灣的「12xxxxxx，而非台胞證右上

角的號碼！？更令人無言的是，竟把我們的護照寫成結婚護照。結果如何我想你知道的。

時而連人帶包飛奔而入，時而連滾帶爬哭泣而出！

你已經不耐煩，來中國旅行是項修煉！

「未持有中國大陸手機門號與銀行帳戶者，無法在網路上購得任一類車票，包含火車票、汽車票、飛機票。」讓每位外國旅客覺得旅行像是一場修煉的中國旅行交通規定。

仔細想想，生活在台灣近三十年，儘管現在兩岸三通看似經貿活絡，連常常進出大陸海關都要走「**本國人通道**」的呆灣人，手機用的是限制台澎金馬區手機門號、拿的是可能含有中國二字的信託銀行卡，及不到三天立即可收到貨的順豐貨運。

但這些都不足以證明，在中國大陸自助旅行，能自由自在像中國式的通行。

關鍵是三號

來到大陸第一件事，請先辦理「三號」：手機門號、銀行卡號、微信帳號。

• 手機門號

在大陸沒有手機門號就像一個失去人權的罪犯，所有的訂票、帳號、卡號都無法申請使用，連對外通訊都很困難。

來到當地第一件事就是去申請個「不綁約門號」，依自己使用習慣購買，最好是那個只等著接不主動打的方案。

• 銀行卡號

在有了門號以後，你需要尋找一間可辦理「**銀聯卡**」的中國銀行，把你從台灣帶來的大筆銀子（人民幣）存進去，並開通網路銀行。

如此這般，不論你到達不同省分的店家做消費或是上網購機票、車票，只要「微信」綁定一下，不論到哪，要做的就剩下「掏寶」了。

街角巷弄東一個西一個的二維碼是你走在路上最大的樂趣之一，因為大陸人不管到哪買甚麼，店員總說：「**來，掃一下！**」

【小提醒】在東南沿海工商銀行較多，在西北荒漠農業銀行的服務處較多。

• 微信帳號

在大陸旅行很簡單，不需扛著比舊式黃色電話簿還厚重的 Lonely Planet China 和一張翻久容易變皺破舊的手繪地圖。

所有旅行必要的都已收錄在綠色的 ICON 微信裡頭。透過「小程式」將食、衣、住、行

所有資訊通通互聯在一起；也把你我的資訊放到了一起，包含今天去了哪裡、吃了甚麼、下單了甚麼東西。如隨身攜二十四小時的自我監視器。

恰巧哪一天，你正在中國旅行與台灣朋友聊天時，不小心打上了一句「小熊維尼……」

「咦！？不好意思，你還在嗎？怎麼都不回我了？」朋友問。

因為在看著本頁的同時，你已被消失。

後記

雖然我們講相同的普通話、有相同的黃皮膚外表、甚至是祖籍來自同一地。
但我必須說，我們有著截然不同的自由以及我們想要選擇的生活。
本篇文章內容截自 2016 年，如有未正確的資訊，請多多包涵。

Must-Do in China, China：
嘉裕關以西就是大絲路起點啦。 ↘

Road Trip！

3.2 南美就是這麼大，練好你的神之鐵屁屁！

所有旅程都有
旅行者不知道的祕密目的地。
——Martin Buber

印象中，有一次在誠品角落當書蠹時，曾在一本書的字裡行間找到這一段話：「**一場說走就走的旅行才是旅行。**」灑脫的韻腳、簡短饒舌的字句及不透露任何細節資訊。

Roadtrip Argentina：
前往世界最南端城市的路途景色。
↘

「這應該是哪位○○後的中國文青所撰寫的吧。」在搭乘阿根廷長途巴士旅途中，時間如同靜止，陪伴的是千奇百怪的思緒與我共度。

簡短的語句和速成的旅行，在我們踏上世界的那一天，早已對自己說不。

沒錢買昂貴的點對點直航機票，只好減速旅行。

路上遇見的旅人都是好朋友，他將告訴我下一段旅程怎麼走，或旁邊第二間超市有便宜的水果。但如果都不與人說話可能哪都去不到。

話是這麼說，但我仍然相信每段說走就走的旅行背後，一定藏著些不為人知的祕密。

就以這次阿根廷的 Barilcche-El calafate 長途巴士馬拉松來說吧！

三十七小時的長途巴士馬拉松絕對不是說走就走！

曾經聽中國「**因為省錢只搭路面交通工具走跳**」的驢友說過：「**如果五小時的車程是小菜一疊，那十小時以上勉強算是個中點，而二十小時的車程才可算是盤大菜！**」

但沒想到這次我們失手點了個三十七小時的山珍海味。

你說：「**這樣挺值回票價的呀？**」

這個嘛……還真說不準，因為這全看屁股到底啥時候說「**不**」。

對絕大部分經濟型背包客來說，在旅途的規劃上往往受限於金錢的考量，而旅途是否艱辛往往不在話下。

在阿根廷的中南段地區旅行的樣貌，不論是坐車、划船、自駕，都是以「天」起跳，對來自台灣兩三小時就到達另一城市的我們，無非是考驗脾氣的最好時機！

首先你必須知道：從中部湖泊山城 Bariloche 往南，到達 Moreno 冰河國家公園臨鎮 El Calafate 有兩條路線。

其一是 Ruta 40，這條路線貼著 Andes 山脈直線往下切開，沿路風景單調，但對旅客來說算是 Time-Friendly 的路線，僅需費時一天。

可惜走 Ruta 40 的班車一天僅有幾班，僧多粥少，時常搶位搶不到的我們也習以為常，摸摸鼻子坐上另一條前往 Ruta 3 的班車。

雖然在網上早有耳聞 Ruta 3 這條路線並非一般人能夠承受，連堪稱鐵屁屁的資深老背包也只能翹著二郎腿說：「**Ruta3 呀！多保重兄弟……哈哈哈。**」

迂迴的道路無法迅速到達終點，但能欣賞到不同地質紋理的路途風情、車上的獨處時間將提升旅人的內心層面，或各種無所不在的「**為甚麼？**」對話。

接下了櫃檯賣票小姐親切的提醒，我們開啟了一段前所未有的公路體驗旅程。

「**車上有供應三餐配上果汁飲料，座椅是 Semi Cama（半臥座位），祝您有個好眠！**」賣票小姐說。

如何在三十七小時的長途巴士裡求存

關於長途巴士的生理求存法則：當我一腳踏上三十七小時的遠征巴士同時，其實心中忐忑不安。

「**車上到底都吃些甚麼……？**」

儘管常常在旅途中對於「**不知道下一餐在哪？**」這樣的事已習以為常，但還是第一次有超過一天以上，被塞進這會移動的箱子（車子），從白天到黑夜，再從黑夜到白天，沒日沒夜的極限體能王巴士馬拉松。

心中的那份壓力慢慢反射到肚子的飢餓感上。直到坐上巴士，釋懷了。

Roadtrip Chile
Barliloche：
車上的極簡風早餐。
↓

一雙粗糙的手臂遞給了我早餐，頓時間，已然調適好心理狀態的我的內心世界**完。全。崩。壞。**

三十七小時的餐點

曾聽說南美洲人吃的餐點風格實屬簡約，但這場 37 小時的旅途，才剛開端我就想是否可以下車，重新選擇一輛高階的巴士在阿根廷南部能舒舒服服行走。但太陽已下山，而我沒有後路。

早餐，是一塊雞蛋糕大小的杯子蛋糕，以及南美人非常喜歡吃的超甜 Afajores（阿根廷傳統巧克力夾心餅乾），佐上一杯三合一即溶咖啡。

中餐、晚餐是飯盒，那種入口馬上就想說「**我吃飽了**」的可有可無等級，失敗。

此外，長途巴士中佐茶餘飯後的永遠是司機典藏已久的一九九〇熱門影片。不論播出的電影是哪一部，主角還沒說出台詞，車上觀眾早可以直接背出。

但不知道為甚麼電影裡講的永遠是西班牙語的配音，連想學習語言的機會都沒有，因為字幕都被抽走。

有位英國乘客真的再也忍不住，搶到了司機副座，對司機說：

「**Remote control, Remote control!**」

奮鬥了十分鐘，不斷的字幕切換，到最後他放棄了。西語以外的語言似乎在巴士的司

機領域裡不曾存在過。

當然在切換語言頻道以前，你需要做的，是先切換你吃飯的時間。早餐九點、中餐十四點、晚餐二十一點，標準的歐系用餐時間，怕餓到睡不著的大胃王旅客們知道該怎麼做了嗎？

長途巴士的「上車前準備」很重要

在國外的旅途中，最常學習的對象，無疑就是那些帶有千奇百怪謀生招數的江湖老背包。

從隨身攜帶的乾糧來論，東西方各有千秋，各有雷同。西方四處可見的是PIZZA TAKE OUT，來到東方是東北大餅TAKE OUT，而中東世界則是饢（NAAN）TAKE OUT。不論到哪長相都相似，但吃起來味道卻不同。PIZZA料多皮脆，一份大到不像話，剛出爐吃一片就很滿足。東北大餅外表平淡無奇，內裡軟鬆，放越久越嚼越有勁。饢則是兩者的綜合體，樸實的外表搭配剛烤起來酥脆的味道，但三天後可能咬了牙齒會搖晃欲墜。

長途旅行中的好良伴，除了可以充飢的主菜，最不可少的是調味佐料。

Roadtrip Chile：
搭車途中
甚至連搭上船都是有可能的。
↘

火腿、起司、乾酪，榮登旅行者最愛攜帶的前三名，耐吃耐放不易壞。

但說到醬，可能大家各持意見了。

就在這天飢腸轆轆的下午，司機將屁股快長濕疹的我們流放在一處荒涼的尿尿點。五分鐘的時間，又癢又餓，手邊的糧食眼看即將用罄。

坐在身旁的老外，突然拿出了一罐白色外包裝的醬料，一支鐵湯匙往裡挖了一匙，並朝著他另一隻手上乾癟又冷感的吐司塗上一圈。頓時，吐司滋潤後像復活了一般，有了黑色光澤的外表，且水嫩猶如少女的酥胸。

他大口咬了下去，那樣恣意的表情，從眉毛的微晃動，可以猜出其內心世界就像走在五十度沙漠裡，天空突降下了一道甘霖，而他獲救了。

此後的旅途上，我自己也隨身準備一罐

這樣的旅行大師神醬，不管在哪種惡劣的情況下將它拿出來，品嘗過後竟然都有天降下甘霖的感受。

一罐「NUTELLA巧克力醬」，撫慰每位旅行者枯燥的胃，我想再不為過。

坐車椅如同住豪宅

關於長途巴士的心理求存法則：**最重要的當然是選對位**。

踏上這趟長途巴士旅程後，無意間發現，我選到了個好座位！緊鄰餐點食物區，不論哪時用膳，我總能第一時間取餐。

而前方階梯旁即是廁所，讓我不需在睡夢中尿急醒來，神智不清地走過三十五排以上的坐位區，再逕自下階梯到下層那已被排滿的廁所，無奈等候。

當然，能夠來到這的前提是你已熬過車子每小時九十公里的相對速度、地面不平的晃動、以及在上下層走動時不斷刺激的嘔吐中樞。

最棒的是，座椅右側即是下車門口，能在停車休息時迅速換取車外氧氣。需要的只剩一條雍容華貴的紫色毛毯，蓋住全身抵禦那急凍的冷氣風口。

要享有頭等艙的服務，先選對位再說。

自我對話

就理論來說，這條公路旅程的里程設計，違背我一直以來學到的數學原理：**兩點間最近的距離是一直線**。

一坐上車就有種「**放逐大腦，隨他去吧。**」的感受。

不知過了多少個日夜，在某次從似醒似夢的深淵好不容易來到臨時下車點，正想說走下車讓車外冷風滲透缺氧的大腦，看時間會不會過得快一些。一下車，走上無人無車的大馬路上，試著尋求所在位置的告示牌。

「**咦？這個都市是不是來過了。**」我心裡想。

這時轉頭向巴士站務員問話，他說了一段聽不懂的西班牙語，但聽起來顯然應該不是同一個地點。

按表操課的每日行程、循規蹈矩的吃飯時間、路上所見的那山那人那海，遠遠超出我們在台灣旅行時已準備好旅行時刻表的承載量。這時如果不放過自己的腦袋，將會出現許多自我否定的對話。

「**這條路線為甚麼如此迂迴？**」

「**為甚麼我要選擇這部巴士？**」

「**我是誰？**」

「**為甚麼我在這？**」

↑

Roadtrip Chile Patagonia：
路途中
常見的美麗小鎮。

回溯的過程，沒有一處有明確的答案。但每想一遍就又像超脫自己了幾萬年。

靜靜的、靜靜的，我慢慢把自己塞回車上的椅座，眼睛閉上。

等待腦中的聲音再度出現：「**享受遇見的人事物，旅行是當下。**」

伴我左右的原來是當初為何出發的初衷。

旅行後記

上車前其實心情滿複雜，但一坐上車發現不少人一起同行，頓時心裡緩和許多。在路途中景色多變化，幾乎經過了春夏秋冬等四季風景，睡不著時拍拍照也是不錯的選擇。

然而長途巴士旅程絕對是個發掘新技能的好時機，不妨帶本魔術書學魔術、折氣球書或是語言書……等，車程後馬上可以練就一身好身手。

當然，想當選「**最會利用時間冠軍**」的人可以帶上羊毛針線，因為三十七小時絕對夠你編織出一條好圍巾！甚至哪天寫一本《第一次坐車就上手：如何在三十七小時內編一條好圍巾》也不意外。

你說，想不想來一場「說走就走的旅行」呢？

3.3

Free Walking Tour !

城市人訴說城事，無國界旅行趨勢

有智慧的人
不會為失去的事物做無謂的憂傷，
他會積極地想辦法減輕傷害。
——William Shakespeare

對我來說，背包旅人在旅行路上最不可或缺的是攝上幾張好照片，還有思考如何與在地人一起探索城市裡的寶藏。而背在我包裡重達五~八公斤的L牌、M牌、地球牌……等旅遊書，怎樣才能通通丟掉一直是環繞在我腦袋中的念頭。

↑
Free Walking Tour Chile, Santiago：
在城市裡遊走，
透過專業導覽員更認識城市。

直到這任務帶在身上旅行的第一百天，我們來到智利首都聖地牙哥（Santiago）這美麗的城市，偶然發現了一種對旅行者十分友善的城市探索方法。

它就像早已藏在世界各地的城市旅行書本。一旦發現了，旅人第一件可做的事，就是開始把一本一本翻了沒用、不帶在身上又覺得不安的實體旅遊書通通丟掉。

一個來自在地的旅行模式。

在地的旅行寶藏，如何讓旅人將帶在身上的笨重旅遊書通通仍掉！

在來到南美洲的第一天，已聽到太多被搶被偷被毆的驚悚故事。但旅行人不上街探索，該怎麼創造未來回憶？就在苦惱到底要不要出門時，我們在入住的背包客棧櫃台旁瞥到了一張給旅行者的ＤＭ。

還記得上面是這麼說的：**「Explore Our City! Meeting Point: Plaza de Armas（武器廣場）Meeting Time 10:00 AM」**

沒有任何的預約方式、沒有在大陸旅行無處不見的QR CODE、沒有人告訴你到底要怎麼去。有的是選擇讓自己一個人進城冒險，或是來跟著這沒有甚麼報名限制、不知道誰會來的在地人旅行方式。

從沒參加過這類在地導覽旅程的我，淡淡說了一句：「**反正明天也沒甚麼行程，乾脆去指定的地點看看吧。**」

對於初次抵達智利聖地牙哥的旅人，相信對這個城市很摸不著頭緒，想盡情拍照又不想隨時擔心被偷被搶而錯過美麗的街角景色或塗鴉。

我們一早九點五十分來到指定的武器廣場集合。

「**還剩十分鐘，所以到底誰會來接我們呢？**」我不耐煩地說。

拿起手上的DM，忽然前發現了一行字：「**Find the Wally！**」

腦袋轉動了一下，那似乎是小時候常翻的童書，要在書本的每頁裡找到那穿著紅線白條紋T-Shirt的小人威利。

「**不會吧！那人很小耶！**」回想著過去記憶中不斷的「瞥眼」。

四目掃蕩在寬廣的廣場，眼尖的我發現了不少像是旅客的人，同樣在廣場上徘徊遊蕩，像是跟我們有一樣的想法，找到同樣的目標——Wally！

十點鐘一到，廣場上突然跑步蹦出兩位穿著與童書裡一模一樣衣服的男子，並大聲呼喊著：「**Hola, Chicos！（哈囉，大家！）**」

兩位從童書裡跳出來的地方導覽人員，用著西班牙語、英語分別將旅客圍成圓圈，開始了一連串的自我介紹。

「**哇！有來自以色列，美國，德國，加拿大，澳洲……等不同國家的旅客都來到這參加這活動？**」默默數起圍成兩大圈的各國旅客臉孔，竟然多達四十五人。

「不用任何預約，有超過旅行團一車的人數來到這聽導覽，也太酷了吧。」我喃喃自語。

當天，我們與一大夥彼此不認識的人，開始用各種語言在這城市裡遊蕩，跟著當地的導覽人員在聖地牙哥城裡穿梭，有時走上大馬路、有時遁入地鐵站、有時走到小巷裡面。這些地點看似平凡，但卻是外地旅客走在聖地牙哥城市裡，隨時可能遇上危險的地方。

像是挖到寶藏一般，我嘖嘖稱奇地不斷讚賞一路上所經過的景點。去到的地方都是很在地的景點，且有豐富的知識解說，地方場館的深度介紹，在地人都吃些甚麼，最有名的冰淇淋在哪兒，有趣的奇人異事，甚至是政治八卦。

沒有一刻不感到驚奇，因為有很多世界各國的人會發問我從來沒想過的問題。

時間很快速地經過了兩小時，我們來到美術館的一隅。介紹完最後的景點，導覽人員來到一安靜的美術館室內，對著所有的旅客說：**「如果大家喜歡我們的活動，可以Support我們一下。」**

一時不知道該怎麼做，因為「**Support**」這字，我們還真不理解它的涵義。我們開始左顧右盼，想說可以學到這單字的真實用法。

只看見右手邊的旅客從錢包裡拿出了一張鈔票，走到前面給了導覽人員。定眼一看，是美金十元。

「嗯，應該就是給小費吧！那小費是給多少呢？美金十元嗎？」

Free Walking Tour
Chile,Santiago：
對旅行者非常有幫助的
在地導覽。

再次等待了一下，漸漸地看見旅客從口袋掏出各式各樣的鈔票，一一走往前給了兩位導覽員。

我這次更仔細地看了。**「天啊！每個人給的都不同，有美金五十元、歐元一百元、英鎊、智利披索……等。這樣的小費範圍也落差太大了吧。」**

於是，我索性給了美金十元。

滿腦子覺得尷尬，但又在想真的甚麼費用都可以嗎？

活動結束後，戀戀不忘能在一場活動結交世界各地的朋友，又能夠與在地人成為朋友瞭解所有的在地城事。

「這樣豈不就能把我背包裡笨重的L牌《南美洲》丟掉了嗎？一群人在一起遊蕩，拿出相機也一點都不危險。」

像是找到摯愛般，我開始瘋狂地在網路上搜尋資訊。

↗
Free Walking Tour Chile, Valpraiso：
在整個活動期間還有地方的店家提供好吃的食物。

原來這樣的活動只需要在搜尋引擎上打上**「Walking Tour」**再加上想到達旅遊的城市名稱，就會有許多地方團隊給予導覽的服務。

一開始我抱持著懷疑的想法，**「這樣的服務真的太好了，旁邊的城市 Valparaiso 不知道有沒有呢？」**

不用提前預約、沒有 QR Code，在指定的時間來到指定的地點，我再度參與了超過四十人以上的 Valparaiso 城市導覽。

這一次我吃到了免費的餅乾、搭上免費的纜車、跳上免費的公車。這些免費的部分都是導覽員幫忙先支付了。

這樣提供給旅客的服務，成了旅人到世界各地旅行瞭解城市的解藥。因為幾乎到達的每個城市都有 Walking Tour 服務，有不同的服務方式、最在地的人、最好吃的美食、最完整的故事。

旅客能做的，就是盡情跟著隊伍鑽進小巷找壁畫、和當地人聊天、吃美食，且不用左顧右盼擔心隨時有人要來偷搶，還可以在團體中找到信任的人幫忙拍照。

前所未見的旅行方式，讓我找到旅行的其中一道答案。

旅行對你來說是甚麼？

「是無期無為，來到當地與當地人生活，說當地話、吃當地食物、到當地人家裡坐坐，甚至與當地人聊起他們又愛又恨的國家政治。」

那一年我脫下白袍，在世界各地旅行中，發現了如此珍貴的世界禮物。

在地人為自己家鄉付出的行動，讓旅客不論到哪都能參與這無國界的在地旅程。

於是，我丟了所有的旅行參考書，解放了背包重量，愛上了這無拘無束的旅行方式。

Danger !

3.4 四十八小時不曾闔眼，來到南美沒被搶別說你來過！

人生若不是一場美好的冒險，
那就甚麼也不是。

——佚名

在南美洲旅行才開始沒多久，我們每天走在路上最常見的對話是：

「**你後面來了一個人。**」走在大馬路上的對話。

「**這條路人太少了，要不要走別條路。**」在都市小巷穿梭時的對話。

「**天色漸暗，這時回旅館會不會太晚。**」剛過下午五點鐘，玩得正盡興的掃興對話。

聽過南美洲許多被偷被搶的朋友故事後，不知道為甚麼走在路上都感到莫名恐慌。從原本在台灣手機隨處亂放到手機放口袋但不時的手往裡摸看在還不在；從包包塞滿各式相機、錢包貴重物品，到走在路上包包裡裝的只有一粒蘋果和空的塑膠袋。

最令人難忘的是，在聖地牙哥街上看到路邊小攤販，賣著各式各樣的當地小物，手機才剛拿出來準備拍照時，立即感受到周遭的人緊盯著它不放的壓迫感，接下來在南美洲的各城市我拍照的方式有了非常大的突破及改變。

「**手機從口袋瞬間抽出，透過右手拇指滑出拍照功能，接著按下拍照，不看照片再收進口袋。**」以上是我們看見路上漂亮的人、景、物，一邊行走、一邊完成動作的南美獨創拍照法，手法俐落僅需兩秒鐘即刻完成。

至於照片是否真的拍到位，我的回應是：「**手機還在手上就該慶幸。**」

「**那這樣相機還拿得出來嗎？**」聽過我的完美獨創拍照法的朋友問。

「**拿出相機就像是對外舉牌說『快來搶我』，看是不是想買新機了，哈哈哈。**」一抹笑容地帶過。

印象中，在《深夜加油站遇見蘇格拉底》的智者是這麼說的：「一切事情的發生都有

目的，就看你怎麼去善用它。並沒有所謂的意外，每一件事情就是一項功課」。

像搞懂了甚麼，又像沒搞懂甚麼。

世界是一本書，每分每秒都有新的畫面走入我的腦海中，直到閉上眼依然環繞旋轉。超過百日後的旅程，原本旅居不同城市獲得的新鮮感，漸漸被「理所當然」四個字麻痺了旅行者該有的開放五官。

頻繁的入住手續、購買長程車票、跨夜睡著在車站內、用西語對著陌生人打招呼，還有二十四小時相處漸漸少了對話的另一半。就像被送上病床打麻醉的病人，對世界沒有了好奇感。

直到某天 Chile 的 Calama city 深夜巴士站。他，當著我的面把包包給偷了。

事發當下，下手離回神僅有那幾秒鐘。一秒鐘、兩秒鐘、三秒鐘。像大衛魔術般，包包憑空消失在眼前，而我崩潰在黑暗的角落。接下來的每一分鐘，我的世界就在案發現場無限循環倒帶中漫長度過。

「我的包去哪了？」「是他偷的嗎？」

每列六十秒鐘一輪，我的腦袋重複用五十七秒不斷重現案發場景的那三秒鐘。意外來的當下，「**我準備好了**」這句話在黑夜裡被掩蓋。

留下的是手在發抖、心在懊悔；意識，在枯萎。

Calama —— 毒梟搶犯充斥的都市

十一月三十日，是我們進入祕魯前待在智利的最後一晚。

像尋常旅行般，我們並不打算選擇被裝進舒適的空中冷房，眼睛閉上起降，然後到達。而是選擇搭上從 San Pedro Atacama 出發，中間轉運 Calama，再前往邊境都市 Arica 的長途跨夜巴士。

儘管先前已經有過無數次的中途巴士轉站經驗，但這次的轉車卻不太尋常。

一般買到的「多個都市」轉站夜間巴士，只要是同一個巴士公司連接，都會讓旅客待在車上，並等待中轉城市的乘客上車，再繼續前進。

而在 Calama 的轉運方式像是冥冥中已被設定。

這天深夜九點，我們來到 Calama 被強制拋下，並要求全數下車進入公車轉運站等待同一間公司的另一個班車到來。

吆喝的夜裡，驚醒的我從座位彈起，急忙下車提起大包，一心想著把自己疲憊的身軀塞進公車轉運站歇下。

帶著迷濛視線得前往車站前的轉彎處，忽然間一團「**飛濺的白色濃稠液體**」往我左側臉上襲來。

在黑幕天空的覆蓋之下，無法閃躲我全然接中。

憤怒同時，我的大腦突閃過先前在網路上搜尋的相關案例，心想：「難道這就是傳說

↑ Danger Chile, Atacama：初升的太陽及徬徨的旅人。

中的臭水黨？我真的遇上了嗎？」

那時的我並不慌張，反倒是自認熟知臭水黨的一貫伎倆：「**當人被臭水濺濕時，會習慣性想找廁所沖洗擦拭，而走進廁所把包包放下脫去外衣的同時，此時廁所的臭水同夥就準備行搶，而你將無招架之力。**」

「聰明的你也許這時知道，此刻不能前往廁所。但就在佇足的此刻，會有外表看似慈祥的年長者或是好心人，假意的關心不斷要拉你去廁所擦拭，這時你也許會被他迷惑，但請切記別進入廁所。」

求生意識戰勝疲憊身軀。

我忍著身上的髒臭，像隻大蝸牛用僅存的力氣爬進巴士站。

一進入站內，看見兩、三位「類似」旅客的人或躺或坐佔滿了空位。我們只好依偎在門口旁並卸下大包等候。

就在這時，看見一位女士把包包丟在一旁，恣意地坐下拿起手機滑動，好比此時此刻是完全可以沉浸小世界的時候。

就是這動作，完完全全讓我倆給鬆懈了，腦袋錯亂誤以為這個五坪大的空間已是隔絕室外的堡壘。

我不自覺放鬆了。

身體左側被白色汁液沾滿的我開始發出惡臭，且亂糟糟的我的染色衣裳很難不引起注意。忍受不住正前方兩位坐在椅子上露出詭異眼神的婆婆，我請旅伴用衛生紙幫我擦去那噁心、結塊的白色汁液，口中同時不斷念著：**「千萬別去廁所，別去廁所，廁所……」**

黑夜的恐懼，增添了不少壓力。敵我心理的攻防不斷削弱我倆的正確判斷力。儘管我眼睛掃射四周無數遍，看見的是站內一片安靜祥和。

但意識的掙扎每秒都讓我窒息幾近崩潰。

不願提起，也不願再想起接下來的那三秒鐘。我必須承認這真像是本世紀魔術師的傑作。

第一秒：我放下了我的小包，只因脫下外套可以做更深度的清潔。

第二秒：在轉運站門口（我們站的位置旁邊）突然出現一男子拍我肩膀，說了幾句我聽不懂的西班牙話。這時我的想法認為：「他一定是想告訴我哪裡有廁所！」

第三秒：「No！No！No！」打發他的當下，我們的戒備心完全被關在與他對話的牢籠。

第四秒：回頭，我的包已消失在世界的盡頭。

無聲無息，早在一開始被潑水的瞬間，臭水黨的同夥已在車站內等候，是佔據角落背著小包的旅客？或是坐在地板上的蓄鬍年輕人？還是和我四目相瞪的老奶奶就是臭水黨的同夥呢？

直到今天，恐懼依舊鎖在那五坪大的轉運站房間。回憶一來，我瞬間來到那案發現場的三秒鐘。

在絕望邊界遇見天使

東西被偷後，慌張且無助的情緒渲染了整個空間，連路過的野貓都不願進入尋鮮。

「Could you help me? Help……」

嘴巴不斷默念著的我，已在意識崩潰的邊緣。

第一位大天使降臨，他是坐在站內角落板凳上，不忍心看著亞洲面孔的我們受苦的熱心智利人。他和我們一樣，是旅客的身分從同一輛巴士下來到轉運站等車，他說道：**「我來幫你們找找看。通常嫌犯把值錢的東西拿走後，會將包包丟在附近的餐廳廁所，不如我們到外面找找。」**

說著便領我出到轉運站外，左彎一看是一排賣簡餐的餐廳。他一間間走到裡面，看了每間廁所的垃圾桶。

不巧的，那不是嫌犯拋落贓物的地點。

這時，我跟他說：「**背包裡有很重要的物品，不只是錢，還有我們的兩本護照！**」

說著說著心更慌了。

好心的智利人為了安撫我的情緒，三步跨兩步又帶我回到轉運站，用西語向站內高大的幾位男生說了幾句，此時回頭跟我說：「**我們再多找幾位壯士，一起到鎮上找找吧！**」

感動之餘，就在我們走出門外，正準備尋找時，好心的智利男子對著我說：「**你和這位高壯男子往左，我和另外兩位往右，分頭進行。**」

此時，恐懼感再度壟罩頭頂。我慌張的拉著他小聲的說：

「**不！不！不！我可以不要和這位高壯男子一起嗎？**」

「**為甚麼？**」他不解地說道。

「**因為我不知道他是否值得信任呀，你是我剛在車上確定一起下來的旅客，但他們我卻不知道。**」語無倫次的我已經不相信世界上的任何人。

「**那麼，我們大家就一起走吧。這是智利很有名的黑手黨城市，挺危險的。**」他說。

好心的智利人，領著一群轉運站的男人們穿梭在Calama龍蛇混雜的大街小巷中。一下子在沒有紅綠燈的車陣當中穿梭，一下子攔住大夥兒，小聲地說：「**等等緩慢通過別出聲，樓梯間有人在吸毒品。**」

接著一連串吼叫的聲音從樓梯旁傳來。

我們快跑到公園樹旁，智利人說：「**這裡就是他們交易毒品的所在，所有毒梟在這交

易後就會把其他偷來的東西丟了，我們去翻找垃圾桶吧。」

一連串不曾出現在我生命中的毒梟世界，歷歷在目地演了一遍。

我的包包裡有著兩本護照、兩張卡、兩台相機、還有折算下來約二十萬的台幣。在黑手黨的城市裡，想要找到簡直是在祈求奇蹟。

在一連串翻找的過程，時間已過了一小時，此時離轉運巴士到達的時間僅剩三十分鐘，這時好心的智利人無法再幫忙了，因為他也即將要坐上這班巴士。

「去警局吧。」無奈地說。

他帶我到深夜的警局門前，按了一聲鈴，突然一串不耐煩的聲音快速地講完後掛斷。警察說：「明天早上再來吧！我們休息了。」智利人翻譯道。

原來，毒梟的城市警察是不幹事的。

絕望來到谷底深淵，好心的智利人不得已真的必須離開了。回到轉運站，他握著我的手說：**「你們別太失望。我想跟你們說，就算我是智利人，我們也都害怕被偷，今天很抱歉我們智利人對你這麼做。但事情發生了，要做的是面對它而不是恐懼它，因為長期生活在這的我們也都是這麼做。」**

接著，我背上僅存的大包和旅伴跨過了兩條街，到鎮上隨便選了間旅店想住進去，等明早再說了。

沒想到進入的旅店主人，看見我們就好像已知道又是被偷了的亞洲臉孔樣貌，各個都獅子大開口：「**100 Euro**」，竟然給的是一間再簡陋不過的雙人小床間。

任人宰割的我們別無選擇正要掏出那剩下不多的歐元時，忽然間從背後聽見一聲大喊：

「**等等，你們跟我一起到下一座城市吧！這裡不安全。**」

那一位天使智利人出現遏止了一切，並安全地帶我們回到轉運站。因為他知道至少我們原本的車票還在手上。

漫長的夜晚告終，我們坐上了巴士。駛向不再期待的另一座城。

腦袋無法運轉，被偷的當下三秒鐘不斷重播，三十分鐘，三小時，一輩子。

後記

我真的很感謝這一位天使，因為沒有他的幫助，我們可能再也提不起旅行的勇氣，也無法把這篇字字椎心的駭人經過公開呈現。

希望看完這篇文章的人，別因著害怕而不敢來南美洲。當人們來到生命絕望的頂點，相信發生的每件事必有緣由。

天使就在你我身邊。

Danger Chile, Atacama：
被劫的前一天，還在世界最鄰近月球的表面探索，
本張照片也成為相機被搶的最後一張。
↙

Miracle 3.5

!

貴人，在遇難以後

知識和智慧有甚麼不同，
智慧是親自去做實踐。

——《深夜加油站遇見蘇格拉底》

風雨過後，隨之而來的是美麗的彩虹。

在智利的毒梟城市 Calama 遇劫以後，我們的環球旅行一百八十度轉了個大彎，原本該追的行程現在變得都不重要了。

眼前出現的光景，都指向求存、求救、像隻被丟進世界叢林裡尋找逃脫路徑的猛獸。

在 Calama 巴士轉運站遇見了第一位天使——好心的智利人以後，我們來到 Arica，再度被語言不通的隔閡所擊倒。

「**這張紙我已經幫你寫好，交給路邊警察就可以了。**」下車前，好心智利人交給我一張紙條，寫上滿滿看不懂的西文字。

語畢他轉身背上大包繼續往下一段旅途前進。日出的陽光灑落在天使的背影，有說不出口的感動。

但原本在腦袋中構思的下一步計畫，在語言不通的國家裡隨時都可能被改變。

拿著紙條，我們迅速找上路邊的警察，想獲得下一段旅途的救命草。

「**##$^&^**」警察看了紙條，對著我們說了幾句聽不懂的西語。

沒錯，這張紙條太過完美，完美到就像是我們自己寫的。

而這城市的所有警察都不會說英文，他們用著像是拷問嫌犯的語氣，眼睛瞪大、表情嚴厲地擊潰上一段受創匪淺的旅行者。

意識消沉，在異國城市語言不通，神經繃緊到極致的我們轉身就走，只想找到一位可以幫忙翻譯的人。三步併兩步，我們攔截了迷濛視線裡看起來像是旅客的所有人。

「Do you speak English ?Help……」冀望在這旅行的人能給予解救。

第二位天使降臨，他是一位近一九〇公分的荷蘭工程師，正用六個月的特休長假來到南美的不同城市體驗衝浪。看見我們啞口對著智利的邊境城市警察。

他，西文也不過剛學會，不太流利地把我們的處境告訴了警察。

接著，警察給了我們一段地址，像是破解任務般我們獲得了下一道線索。接著，荷蘭人攜著我們來到專門做偵查任務的警局，展開了一連串的調查。

美劇 FBI 的偵辦情節此刻在眼前上演，警察搜索了各種我們來到這裡的目的、為甚麼來玩、去了哪裡、見了甚麼人說了甚麼話……等，而我提供了合理我自己是誰的口供，終於獲得了一張從印表機印出，蓋上徽章的紙本證明，並被告知十四天內要帶著它，飛回聖地牙哥辦理新的護照。

而以上所有的情節，都是西語進行。

你說荷蘭人的西語不是才剛學會，怎麼如此流利且精幹。

這一切都得感謝 Google Translate，所有的翻譯都在這一小時內透過它完成，沒有多餘的文字，只加上幾齣比手畫腳的默劇。

那是一次無聲的偵辦早晨，也是 Arica 偵辦警察的首度 Google Translate 破譯案例。

最後，警察們笑了，荷蘭天使笑了。

四十八小時沒睡，狼狽樣的我們，獲救了。

↖ Miracle Chile, Santiago：智利家人裡的游泳池與毛狗。

三十天的無國籍浪人

飛回聖地牙哥的隔天，我們便趕往駐智利台北經濟文化辦事處求救。一進入辦事處，承辦人員聽了求助的緣由後，馬上問了一句：**「是在 Calama 被偷的嗎？」**露出在我們還沒說出案發地點，就已猜中的眼神。

「Si（是）！」不自覺用西語回答的我。

於是，承辦人員緩緩訴說起，在我們遇劫的轉運城市 Calama，那年已超過 5 起以上的精采犯罪故事。

驚訝的是，我們很幸運地能自己坐飛機回來。在我們來到這都市的前後，亞洲面孔的旅人被 Calama 犯罪黨完全鎖定。

有些人被偷得精光，有些人從此消失，有些人像我們一樣戰慄了許久，成功回到智利首都找上辦事處。

收到了許多勇氣的禮物，承辦人員緩緩

道：**「那你想要在智利待多久？一個月還是十四天？這要看你要辦哪種護照，前者要從台灣寄過來。」**

偶然的，我獲得了一個短暫消失在這世界上的機會。沒有護照身分的我，像MIB電影裡的世界邊緣人。

接著，他遞給我一枚地址，暗指著下一段任務的開啟。

「去找楊大哥，他是智利的當地華僑，願意接待你們兩位背包客。」

這段任務，也指引我們遇見人生中的第三位天使，也是生命中的貴人——楊大哥。

那一年，最不像背包客的背包客

在智利楊大哥家中度假的那些日子，讓我看見智利當地華僑們，對於台灣本國人的熱情。

楊大哥、陳大姐是一對非常好客的夫婦，這輩子從來沒見過背著大包包四處旅行的背包客，素未謀面馬上接下了辦事處的援助邀請。

還記得第一天被楊大哥撿走的傍晚，伴隨天空橘紅色的晚霞，我坐進此生不曾在台灣見過的高級休旅車中，到達他的住所。

那是一座離市區不遠，在半山腰的木屋別墅。一進入聞到的是木頭香，以及傭人瑪麗亞正製作的千層麵濃郁香味。

「喜歡吃甚麼就跟她說，她會做各種料理。如果肚子餓了，自己打開冰箱，想喝甚麼吃甚麼盡管拿。」

我打開冰箱，看見擠滿側架的 Corona Beer，還有琳琅滿目的高級食材。

但印象中，不論我每天怎麼消耗它，到了隔天冰箱內的糧食庫存，就會恢復原本的模樣。

楊大哥的家庭和樂，一位男人養了六個女人，包含他的妻子、三個女兒、還有傭人瑪麗亞，以及傭人的女兒。而現在又多了兩位食客。

他安排我們住進別墅旁游泳池的池畔小屋，待我們像是親人一般，無法再更多的關心、談天說地、飲酒品嚐。

每天泳池畔的生活，像是來到渡假村裡的 Villa Resort，偶爾可以看見瑪麗亞煮餐熱了，蹦地跳下水划個幾圈再上岸ＢＢＱ。

每天晚上楊大哥回家，都會攜帶許多當地最好的佳餚、水果、紅酒，伴隨許多年輕時的華僑創業故事，度過一個又一個的夜晚。待我們如親人般讓我們感到暖心到無處遮掩。

某天夜晚，楊大哥一回到家大聲呼喊了我的名字，感覺就像叫自己女兒一般親密。我一上樓看見兩個大袋裝滿衣褲，每一種褲子款式齊全，不同顏色各五種。直到這夜，我真的忍不住了。我的心裡一直在想著：**「為甚麼能這樣對一位從來不曾見過面的陌生人？」**不小心脫口而出。

Miracle Chile, Azul lake：帶著貴人的女兒們一起當背包客。

陳大姐不掩飾地說道：「其實，我們也曾經有過你們相似的遭遇。」

「當年我嫁給楊大哥，那時楊大哥受親戚邀請來到智利創業。大女兒才剛出生沒多久，我們因為人生地不熟、西語也不會，一直跟在親戚身邊學習創業。但那個壓力並不是一般人能承受，我們不時哭著擁抱，怎麼樣都無法平撫。」語氣漸緩。

「有一天，我們真的受不了了，決定在房中了結這一切。沒想到在房裡的那幾秒鐘，突然聽見外面孩子的哭聲。一直哭一直哭，我們才清醒自己作了很不好的決定。於是，我們再度爬起奮力轉變了我們家裡的狀態。」

「在那之後，我們發誓，如果有跟我們一樣遭遇的人，不論他是誰，

我們一定要幫助他。」

很幸福的，我們是他們接待的第一人。

聽完故事後，我們也決定為他們做些甚麼。在新年時，與家人們跨年做台灣國旗。三位女兒沒有當過背包客，楊大哥拜託我們帶他們遠行，路途中的所有交通、住宿、行程，我們就像他的兒女般，一起快樂地遊玩。甚至是連零用錢都有一份。

我們親愛的智利親人，在知道我們必須繼續前往下一段行程時，邀請我們一同度過聖誕節。送給彼此禮物，像是祝福接下來的旅程更順利。

被背包客靈魂感召的我們依依不捨，從入住到離開整整一個月，融入華僑們跨年時必定經歷的「跳水儀式」。

Miracle Chile, Santiago：我摯愛的智利的家人們。↓

「**遇水則發啦！**」水沖淡了我們的遇難記憶，更讓我們鼓起勇氣往下一步走。

就在我們即將離去的時刻，最令我感到驚訝的事發生了。

我們向陳大姐詢問，是否可以協助我們換七千元美金，因為當地的提款機每次提領的最高上限為一千美金，且需支付高額的手續費。

陳大姐說：「**沒事的，我這邊七千美金先給你，至於錢哪時候還都沒關係，你們有需要最重要。**」

淚如雨下，人生中的貴人何時能有。這一剎那，我知道離別以後，可能一輩子都不一定能再遇見。但至少在此刻振筆揮毫的當下，我想說：「**我愛你們，不論你在世界的甚麼地方、做甚麼事，我都不曾忘記。**」

謝謝你，那一年我在智利的家人們。

在南美被偷被搶共患難的一群人

無獨有偶，在我們待在Santiago的一個月，陸續遇見遇難後的台灣旅行家。

有「帶著鍋子去旅行」的一對年輕夫婦，回到台灣後在台南開了一間純白色的網紅咖啡店，很酷的一對美食品嚐家。

有「Wanderlust」，一對想跟隨格瓦拉·切，騎摩托車環南美的夫婦，在南美買了一輛手排打檔車騎往各地，中途被各國海關攔阻，最後完成了騎祕魯、智利的壯舉。

有陳同華先生，透過雙腳騎腳踏車的方式，從北美、中美到南美，騎遍之處，都受到各國駐地大使館接待。最不可思議的是，在沙漠公路時，他途中被槍指著逃到沙漠後獲救的奇蹟事件。

生命總能找到出口，世界很大，只要你願意伸出手。

敬　旅行者。

CHAPTER 4

男女想法大不同，你的她真的和你想的一樣嗎？

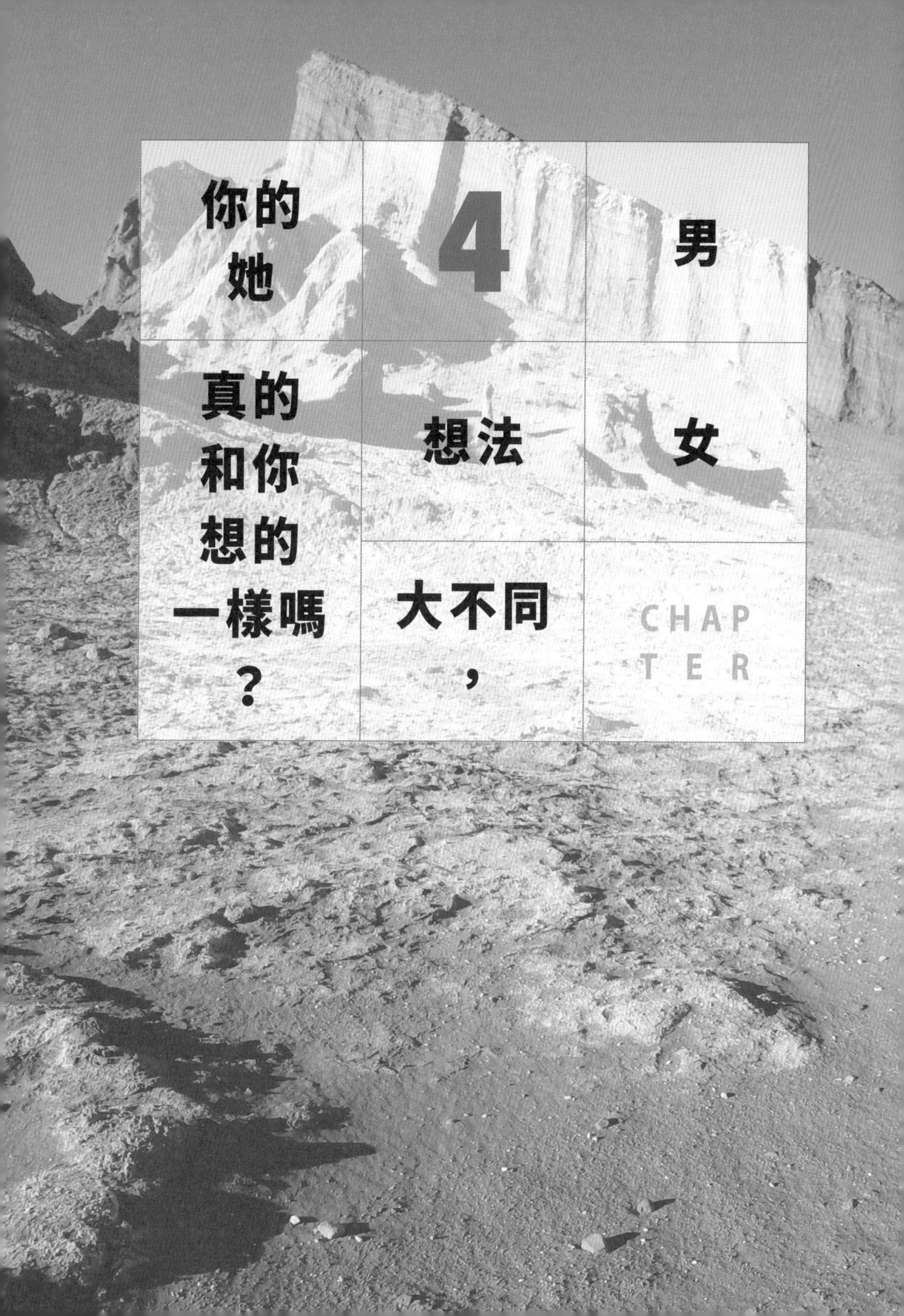

Relationship 4.1

這就是旅行中伴侶不可告人的關係呀！

一次旅行就像婚姻一樣，
認為你有控制權
絕對是錯誤的事情之一。

——John Steinbeck

人們常說，旅行是看見另一半真實樣貌的一帖良藥。雖然藥效不是太長，四天、五天基本上也看得見幾個病症。像是早晨醒來老公的第一道起床氣、走在顛簸道路上的淑女高跟鞋、還有每日上演的爭執不下「**今晚我想來點？**」每日必發的症狀。

這些也許都說明了二〇〇六年伊莉莎白．吉兒伯特出版的小說《**享受吧！一個人的旅行**》為甚麼可以如此業績長紅。

「拋開一切上路展開心靈追尋之旅，旅途中透過義大利美食得到慰藉，在印度靈修中獲得救贖，最後意外的在峇里島找到身心靈的平靜與生命中的真愛。」

這樣的故事劇情真的是我們想要的嗎？

伴侶的意義？

大抵來說，有「**和伴侶一起旅行**」這念頭的產生，絕對是旅遊之神覺得你的旅程太過空泛且平順，特此降旨賜給你的苦差事。（在此的你以兩性為稱呼）

怎麼說呢？

一般而言，一個人在旅途中所遇到的旅伴有許多功能，他們常常一同「**伴事，伴遊，伴吃，伴唱，伴玩，伴家家酒……甚至是伴回教徒一起偷渡洋蔥頭的寺廟**」，目的可能是壯起一個人無法成事的膽量，又可分擔兩人在旅途上的孤獨。

反過來看，雖然「**伴侶和旅伴**」的基本型態大抵相同，都是以結伴出遊為前提（這邊只舉兩個人同遊為例），但雙方執行的細項卻差得多。

旅伴可以省錢，一同拼餐各人出一道菜；伴侶可以省錢，減少食量兩人吃一道菜。

旅伴不善曬太陽，全副武裝勉強出遊；伴侶不善曬太陽，留在旅舍裡四眼相對。

旅伴內心堅強，患難過後是一條好漢；伴侶哭鬧與否，二十四小時一起度過。

旅伴一起喊貨殺價；伴侶說：「**今晚吃一頓大餐吧。**」開始盤算盤纏夠還是不夠。

當浪子遇上丫頭

記得在大陸新疆旅行時，曾經搭上一位江湖老包，他的豐功偉業多不勝數：

闖盪大江南北數十年，曾五年內進出西藏十九次；

在新疆旅行從不花一毛錢坐車，就靠他的大拇指攔便車，三個月竟也走遍大疆南北，重點是只花了五千元人民幣；

他，一身充滿求生技能。

在浩瀚的蒙古草原迷了路，靠風向尋找水源，連用背包都能搭陷阱打野味來吃。

遇上這樣的旅伴好的沒話說，被削被騙這等事絕不會到你身上，連聽床邊故事都能興奮到整夜睡不著。

但當有天，一位浪子遇上了丫頭。

浪子在新疆邊疆布爾津闖蕩時，同行有個女孩迷戀上了他，說願意和他風吹日曬一同坐順風車到天涯海角。

乍聽之下，這是一段多淒美動人的愛情故事呀。

↖ Relationship Cambodia, Siem Reap：
第一屆吳哥窟馬拉松，張揚國旗的好時機！

但故事的結局是，浪子在某一天的深夜裡悄悄離開了丫頭，玻璃心的他在桌邊留下一封手寫的信，上面的幾個字依稀是：「**忘了我，放了吧。**」

雖說字稍顯模糊潦草，但浪子的心情我懂。「**忘**」、「**放**」二字顛倒儼然是江湖中的最高境界，說來就來，說走就走。如一陣清風捲起漣漪，不忘留下一絲溫柔。

好不瀟灑呀。

「侶」伴的不解複雜性

故事聽歸聽，一個人的旅行和伴侶的旅行終究在技術上還是差了一些。

一個人旅行時所遇到的旅伴 Few Night Stay 可以，過了這個村再尋找下一個店。但以**伴侶關係**出國門的侶伴卻有一定的技術複雜性。

那是一種不得不用醫學名詞來解釋，才顯微妙的病患心情：「伴侶，侶伴」密不可分的程度就像是一種腸道沾黏關係——難分難離。分開時拖泥帶水，不小心還牽扯到許多無關緊要的人和事。

吵架過後想在深夜偷偷逃跑？在想速速款完行李走人時，可能赫然發現倆倆的行李早已糾纏在一起分不清。她的草泥馬娃娃、太陽眼鏡、相機、甚至是還未洗的內衣褲……等都座落在你大包的核心深處。而你的半隻襪子、手套、筆記型電腦，同理。

技術上失敗。

想一了百了正面談判？一哭、二鬧、三上吊算是輕微，代表你倆還有一絲薄紗般的革命情感。

她想挽回這一切！？**有救。**

但如果不呢？在分離之際你會驚覺：

Relationship Cambodia：崩密列旅伴與伴侶實踐了旅途中的各項可能。↙

「咦！？過去飛越太平洋的遠程機票好像是我刷的……錢。」

「兩個人跨越南美六國的照片我還要留著嗎？刪去合照沒剩幾張了耶。」

唉，技術上又失敗。

若是以上情況咬咬牙還勉強挺得過，那壓死駱駝的最後一根稻草，將是落在分開不久的數天後。

譬如：一封帶有關切卻又令人無力的LINE訊息：**「我們家女兒呢？她有跟你在一起嗎？」**嗯，是對方父母傳來的！所以，這時最困惑的是**「已讀」**好？還是**「未讀」**好呢？

好「侶」的條件？

為了不讓這趟伴侶旅行傷了你倆的元氣，到底該如何當個百分百的好「侶」呢？

不說太陽太大不出門，**不**耍大牌，**不**當公主／王子，**不**歇斯底里，誰煮菜就算不好吃也要說好吃，不開心的時候說開心，晚上睡不著覺時不把熟睡的她（他）叫起來看星星，不在公開場合擺臭臉生氣，生氣的時候不玩「**整個城市都是我的遊樂園**」躲貓貓遊戲……等。

若以上各點在國內出遊時，不幸占有三條以上，那就有足夠的理由放棄和伴侶旅行的念頭！如果你問我說，我的伴侶被你這麼一說好像都有中，但……我們已經在路上了！

那只好你倆眼神示意互道一聲：**「GOOD LUCK!」**

醫學名詞補充

腸道沾黏：指剖腹手術、腹腔手術後受到感染以致骨盆腔發炎，繼發纖維蛋白性的黏連，把腸壁與鄰近組織癒合成一塊分離不開，造成蠕動困難。病患常常在解便時解不出來，但一旦解放時就痛到大出血，甚至灑的到處都是。

「侶行」快搜關鍵字

如何當個好侶伴　# 侶行分手難處理
伴侶和旅伴的不同　# 不把私人物品放在侶伴包包裡

RelationshipChile,Pucon：
此生看過最美麗的風景。↘

Murmur O.S.！

4.2 旅人心內話之強國人的一百種可能！

山不走到我這裡來，
我就走到他那裡去。

——Alexandra

三個月的中國大陸西北地區旅行，我們搭遍了所有你想像的到、想像不到的交通工具。

從能夠裝進各種雞、鴨、鵝的市郊公車，實名制的軟鋪、硬鋪、硬座火車，一直不斷聽見吐痰聲，轉頭一看滿地黃色濃液的長程大巴士，到路邊攔截的私家黑牌車、摩的（摩托車的士），一群野孩子跳上的牛車，還有比出大拇指從天葬入口搭便車離開，這些都讓我給經歷了。

↑
Murmur O.S.
China：
草原與牛遠景。

在某些人口中，這樣在地到不行的旅程，似乎在聊天時都可以簡單一句像旅行行家一樣掛在口邊：「**這些沒甚麼啦，哈哈，哈哈。**」

其實，每次的旅行移動都有一連串不說不痛、但一說出口就再也停不下來的「O.S.心裡話」。

常聽人說憋在心裡的話久了對身體不好，以下這些旅人心內話「**到底為甚麼？**」就留給正在中國大陸旅行的你吧。

到底為甚麼？坐車不是嗑瓜子就啃雞爪？

中國大陸最在地的國人旅行良伴套組非**泡椒雞爪**、**瓜子**莫屬，如果我是便利商店的老闆早已推出買二送一促銷專案了。

就每天來回車程六小時的客運大嬸表示：「**哎唷，我說啊，坐車怎麼可以不帶雞爪？不嗑瓜子？多沒樂趣，真是的。**」

若是準備坐一趟長達十五小時的長途巴士，請記得坐最前排。因為當你睡眼惺忪，準備在路途的三分之一起來動動，一轉頭看那巴士內的小走道。

「**這，走道還在嗎？**」每次都很驚訝的我說。

滿滿的瓜子殼、永遠丟不進垃圾桶而掉落滿地的雞爪骨頭，還有吐不完的黃痰沾黏地板的畫面，那可說是髒亂界的世界第一等級。

曾在偶然一次的背包客棧大廳裡，問到當地朋友為甚麼這麼愛吃這兩樣食品。他們只回答：「就是嘴饞罷了。」

Murmur O.S. 如果為了環境好，可以改吃沒有殼或是沒有骨頭的食物嗎？

Google 百度一下 無殼、無骨食物。

到底為甚麼？在車上講話要這麼大聲？

在中國大陸搭車最令人無法接受的，是說話永遠音量開到最大的大叔大嬸們。不論搭火車、搭客運常常都讓人不得安寧。

有一次才剛坐上巴士，馬上感受到旁邊坐著的這位大哥非比常人。他一醒來就是開最大聲在有限的空間裡放聲說話，一下接電話閒話家常，掛電話再和鄰座閒話家常。

「**還真是第一次遇見如此長舌的男人。**」我心想。

過沒多久他停下了話語，安靜了一分鐘左右的時間。

「**應該是累了吧。**」我又心想。

忽然間，打呼聲四起。再一次，有限的空間裡無處躲藏。這時我請問：「**我到底該禱告他是醒著還是睡著呢？**」

Murmur O.S. China：
納拉提草原接待的最佳方式。↓

結束完客運巴士，坐火車又是另一段光景。

在中國大陸的火車車廂裡，除了告知下一站是哪站以外，早中晚還會定時廣播播送團結話語：「**我們出門在外，大家在火車上長途旅行，就是一個大家庭。我們鼓勵大家互相包容體諒、不打擾其他乘客……**」

乍聽之下，這應是文明世界裡都該熟悉的每日日常，沒人不這麼做。但實際上看到的是，在車裡的乘客還真需要時時刻刻被提醒。

不論何時何地坐上第幾個包廂，在火車上沒人理會「**是否有人正在休息睡覺**」，大叔大嬸們四海為家，到哪都是我家客廳的精神，音量開到極大恣意家常，從座位一號到座位六十號都能聽得一清二楚。

從姑丈的腦瘤聊到高山茶一斤要多少。

一段長途車程下來，我想幫每位大哥大姊譜一曲《風花雪月，訪柳尋奇》，絕對是叫好叫座。

但另人感到好奇的是：**「為甚麼車上沒有人覺得吵？沒有人覺得被打擾，為甚麼都是忍過就算了？」**

坐車坐久了，慢慢我觀察到原來中國大陸的人是吃硬不吃軟。有一次坐車因為真的受不了了，旅伴用比獅吼功還過猶不及的怒吼，震懾了連續閒聊長達一小時的鄰座長舌大嬸們。沒想到功力一發，不但大嬸沒有回嘴，反倒摸摸鼻子停止了聊天，接下來的數小時內，就連說話也都是用氣音和比手畫腳在表達。

我想，講話小聲是有植入在他們基因裡的吧。

Murmur O.S.　個人覺得真的要大聲說話，用唐老鴨的聲音聊天應該會比較可以接受一點。

Google 百度一下　唐老鴨變聲麥克風。

到底為甚麼，休息站廁所這麼臭還要收清潔費？

長途的車程中，最麻煩的非上廁所莫屬了。

多半的中國大陸客運上是沒有廁所的，就算有廁所可能也不會是你想像中的樣貌。所以在路上奔馳的司機大哥們，在路上放人上廁所是每日稀鬆平常的事。

但對乘客來說，那是一件不得不，卻又不舒服的感受。

常聽人說：「**中國大陸的廁所沒人在關門的。**」

我發現他們其實不是不關門，是在某些車站大廳裡，可能是在地人覺得關門太麻煩了，所以乾脆把門給拆了。

沒有門，哪來的關呢？所以一走進去，常常大家都是四目相蹬著。隨著馬桶的位置不同，有時甚至還能看見背後的第三隻眼。

「**進入廁所最想要的，絕對是閉上眼不東張西望。**」

有時候，長程巴士司機會將我們甩放在民營的休息站，一小時的時間稍作休息或用餐，當然如你所想，廁所從來就沒有乾淨過。

沒有門、沒有馬桶、更甚者沒有小便斗。重點是廁所旁可能為圖個方便，乾脆也把自家養的牛、羊、雞放在了一塊兒。所以上個廁所就會像來到農園牧場，與牲畜們一起共度美好解放時光。

當然，中國大陸人也不是吃素的，怎能忍受自己被窩放在2坪大小的公用廁所裡享受方便時光！？嫌太麻煩，他們與牲畜一同在大自然解放，但還是要保留人類固有文化的尊嚴，於是選擇在公廁外的牆上，降下那等了三小時神聖的人體甘露。

然則進去廁所區以前，都是要收費的。在男女廁門外，常各坐上一位皺紋堆到無法再堆的老奶奶。

而我就經歷了剛剛所說到的這些，以及瞭解到的一切。

如廁完，憤怒的我大喊一聲：「**這沒有清潔的廁所為甚麼還要收錢？**」

老奶奶說：「**不然，就別上唄。**」

薑還是老的辣，我痛吞下了這句話。在這塊土地如廁如金，還是早點上完速速離開吧。

Murmur O.S. 那個臭味、那個蒼蠅我都沒跟你計較了，下次我改坐飛機。

Google 百度一下 蓋一間廁所一年可以賺多少？

到底為甚麼，客運永遠都有人要上車？

旅行世界各地告訴我的經驗是，司機大哥沿路停車讓人上來，絕對是因為街頭賣藝的人需要維生，所以為餬口飯共生，只要上車的人有賣上東西賺到錢，下車前一定和司機緊握握手，算是地下黑經濟的十足展現。

但來到中國大陸這地下黑經濟，遠比你看到的內幕更精采萬分。

在中國大陸長途跋涉的過程中，客運一離開車站，司機像脫韁的野馬樂得放上少數民族的戰鬥音樂，期待下一個「生意」上門來。在一段車程中，彷彿坐上台北市的公車，一站站都上來形形色色的人。

「**台灣的巴士客運上不會一直有人上車呀！**」

中國大陸的司機長途跋涉會沿途接載客人，路人可以隨攔隨停，雞鴨鵝偏遠路段通通可以。但一上車司機就地喊價，握握手成交，神不知鬼不覺這錢竟然就溜進了司機的口袋中。

「這不太對呀？我在客運站上車前，做的那些標準安全程序呢？」

「安檢門和包包檢查，不是說包包過重還要加收費用的嗎？」

怎麼路邊上車的旅客都已帶上搬家規格的行李數量，卻還能輕鬆上車一毛不拔？還記得有一次更加扯了，整台車載著已經客滿的乘客，在路上有人又攔車了。沒想到司機此時拿出早已準備好的「好折凳」擺在座位走道的空間，繼續載上一位、兩位、三位、四位……幾乎已達到臉貼玻璃般的擁擠程度。

最後總計，路邊攔車載上了十個人。司機笑呵呵，音樂來到史無前例的大聲，攔車的人也跟著哼唱。而我呢？而我呢？

Murmur O.S. 下一次還是換我改路邊攔車？

Google 百度一下 人肉擦玻璃。

以上都非常認真，絕無玩笑。分享給要前往中國西北邊的朋友作為參考，做好心理準備，開心享受即可。

Murmur O.S. China：
喀納斯湖那一年
野放的日子。

旅伴後記

初來乍到，剛到大陸旅行甚麼都好不習慣，常常處於驚嚇狀態，畢竟長期在台灣生活的我們已經習慣太多理所當然。例如：高鐵誤點會被媒體當作頭條新聞報導處理，司機開車用行動電話會被大家在網路上肉搜，社會好像容不下一點犯錯，一點不完美。

雖然內地旅行的環境有待改善，不過經歷過火車誤點 17 小時，班車臨時停開而未告知，導致我們需要臨時找住宿過夜，但我已經開始懂得享受而不是指責，也開始懂得同理而不是比較。

Couple Point !

4.3 旅行go peace，兩個人的旅行

希望從未捨棄你，
是你捨棄希望。
——George Weinberg

原文撰寫人：陳冠諭
重編撰人：徐銘遠

長途旅行是通往愛情終點的最佳捷徑。在短短一年的時間，乍見倆人內在的愛情花火。燃得長的，在回來後即迅速完成終身大事；燃得短的，回來後也可互相擁抱說聲再見。

從踏出旅行的第一步開始，白馬王子、白雪公主的童話故事裡就開始改寫劇情。在探索的過程中有些人選擇中途放棄、有些人不願吞下那一粒有毒的蘋果、有些人則是逃出森林放浪自己到世界裡，頭也不回。

「結婚前來一場轟轟烈烈的旅行吧。」

一本目前為止都不存在的出版書。

想必對想出書的作者是一場思緒的浩劫。因為每寫下一字，腦海回放出來的畫面是多麼的清晰且真實，喜、怒、哀、樂，但鏡頭總會轉向那次次爭吵的畫面中。

那些出發前以為一切都已就緒的，在上路後都變了樣。

↑
Couple pointArgentina, Atacama：
月亮谷，
無法比擬的窒息風景。

時過多年，我才知道原來所謂的「**已就緒**」，其實是兩個人墜入愛河時，腦海深信不已「**自以為的他／她**」。沒有欺騙，只是我們都這樣認為。

於是出國了，腦海裡的她忘記出走。而跟出國的是那最真實不過，原來的自我。

苦瓜與西瓜

為了讓大家更清楚旅行中男女對彼此的想像過程，我用一個簡單的故事告訴大家，故事是這樣的：

在你出生的世界裡，西瓜是苦的，苦瓜是甜的。所有人都是這樣認為的。

有一天你來到另一個世界，那裡的西瓜是甜的，苦瓜是苦的。大家都知道是這樣的。

但有天你吃了從你出生的世界裡帶來的苦瓜，雖然吃起來是甜的，但因為來到另一個世界裡的你生活太久，漸漸的腦袋開始欺騙不願相信它是甜的。

「**那是苦的。**」於是腦子說。你很痛苦，因為你不知道該如何面對苦瓜。而苦瓜也很痛苦，因為苦瓜是甜的，它原本就是。

在這以後，你不願再吃下一口苦瓜，因為你害怕苦瓜再度欺騙，但苦瓜沒有欺騙，是腦海裡的苦瓜欺騙了。

最後苦瓜是苦瓜，你是你。沒有人欺騙，是世界變了。

Couple Point —— 情侶所想的不一樣，旅行 Go Peace。

如果，你倆的旅行真的太常吵架：睡得太晚會吵，睡不飽會吵，吃得不好會吵，拍照沒拍好會吵，路走太多會吵，路線沒規劃好會吵，塞車會吵。

那現在起，停止所有對他的期待和想像，因為你倆天生想的就不一樣。多多瞭解你的他／她想的是甚麼吧。

以下所述是男生、女生觀點概論，以台灣大眾男、女性為主要。

1. 出門曬太陽

- **旅行 女生 觀點**

防曬！防曬！再防曬！其實女生不是討厭曬太陽，只是注重保養的女生總是怕曬黑，曬出臉上黑斑，或曬了之後汗水狂流、臉上的妝花。

如果男伴每天都安排不同行程出走，建議需要曬太陽的行程可以事前通知：「明天太陽很大唷！」要記得防曬或幫她好準備帽子，降低她臭臉的機會。

- **旅行 男生 觀點**

外出！外出！再外出！好不容易來到一個全新的城市，探索都來不及了，怎麼會有時間待在客棧裡呢？曬太陽不小心曬到發紅常有的事，習慣就好了。但偶爾的防曬也是要的，只是不想刻意到無時無刻都在補防曬。

可以的話，是否女伴可協助幫忙攜帶呢？如果可以幫忙擦防曬是最好的選擇，我會很樂意提醒攜帶的。

2. 出門服裝是不是適當

- **旅行 女生 觀點**

千萬不要將原本說好一起去爬山的行程，突然更改行程說：「來！我們去逛東區」或是吃完高級餐廳後說：「走！我帶妳去擎天崗草原奔跑」

突然更改行程通常都馬上扣分，請往下觀察一下我們當天的鞋子和打扮吧。

為了吃高級餐廳穿小洋裝配高跟鞋，接著踩上擎天崗的草原，不時地陷入鬆軟的草皮加上牛糞裡，走過的泥巴地一個洞一個洞像是海灘上螃蟹的痕跡。

你覺得女生會開心嗎？

【加分重點】

剛開始交往時，有一次男伴想給我一個驚喜，於是帶著搞神祕的心情來到海邊，打開後車箱，看到已經準備好兩雙夾腳拖鞋和吉他，原來是想來個海邊自彈自唱傳情，還貼心準備拖鞋。得分！

• **旅行 男生 觀點**

男生的衣櫃裡只有等快沒內褲時，才會意識到該洗衣服了。對於旅行穿著的準備，通常都是將原本佔包包容量的衣物先仍掉，再到當地人的市場裡找融合地方元素的衣褲。

選擇鞋子就跟選輪胎一樣，實用耐穿為主，最好是一雙鞋可以走遍所有地形。而來到極地時必須要的裝備跟當地人租借即可，不然到其他地形也無法使用。

男人的價值不在外表穿著，在於與人對話的談吐幽默及用最低資源做到最大的可能性。

至於女生旅伴，她喜歡甚麼就買甚麼吧！

3. 旅遊行程

• **旅行 女生 觀點**

男生常常喜歡把行程排滿，深怕錯過了甚麼景點。而女生其實找個乾淨的海灘，兩個人一起待整個下午就已滿足。

在行程的規劃上，女生常常較為吃力。因為前往東西南北的方向感較差，有時安全感作祟，選了一個看似寧靜不起眼的景點，結果就被念了。

其實我們不是不想要，是不知道怎麼找呀！任何行程都希望可以兩個人討論，而不是只依賴一個人做功課，我們可以各自做擅長的事。

Couple point Bolivia,
Uyuni Salt lake：
跟著前後景大師學就對了！
↓

•旅行 男生 觀點

旅行行程並不是愈多愈好，是愈少人去過的地方就是前往的所在。

不想要到那些很多人都已經踏過的景點，開發一個前所未見的小景點是旅行中最大的樂趣。常常可以從背包客棧大廳蒐集到世界旅人的私房景點。

有一次，在玻利維亞首都 La Paz 的背包客棧閒來無事，與入住的旅客聊著聊著，意外得知最便宜的亞馬遜森林流域行程就在玻國，興奮之餘繼續詢問，像是挖到寶一般，在那竟然還能看見世界唯一的粉紅海豚。

想也不想立即就下定決心要走，但女伴還處在一個行程問號。於是，說不出的感受透過比手畫腳、強詞奪理，最終還是前往了。但到了那才知道，原來亞馬遜森林洗衣服三天不會乾、蚊子兇猛、還要到森林裡尋找大蟒蛇。

無法解釋，但男生的行程就長這樣。到了再說，但請多多觀賞女伴的表情吧。

4. 旅行的花費

• **旅行 女生 觀點**

說到錢，傷感情。旅行的花費要少可以窮遊，要多可以當作蜜月旅遊。但以自助旅行來說，這範圍又更廣了。到底兩個人的價值觀不同又該怎麼平衡每天的花費呢？

這堪稱連費曼都難解的數學難題，原因在旅行花費看心情。

在這，我提供在旅行時的我們的方式。因為我倆金錢獨立，所以各自拿出一筆資金作為共同花費的基金。除了出國機票各自刷卡（有保險的問題）之外，住宿、吃、玩，都會使用共同基金。

有些女生期待男生可以支付旅行的各項花費，但你知道的，有時候這樣做可能加速旅程的結束。畢竟花別人的錢都不手軟，一不小心就提早登出一個人回來囉。

記得，花人錢還是乖乖的好。

• **旅行 男生 觀點**

該花的花，該省的省。旅程中的每一筆花費都是突如其來的。像是突然間心血來潮買了一顆三天吃不完的大西瓜，或是一整天的曬太陽行程過後想犒賞自己，不小心就吃了一頓大餐。

為了讓這一類的隨興花費有個理由，必須先把平常的花費控制下來。不住三星級以上飯店、到大賣場買柴米油鹽醬醋茶自己做飯、不時跟別人蹭飯、偶而技術性免付門票、不買昂貴衣服……等。

省下來的錢，即將離開這國家的最後一天，再一次花個夠。反正，兌換的錢留著也沒用。

5. 按下快門的瞬間決定天堂或地獄

- **旅行 女生 觀點**

天底下沒有一個不妝的女生。就算沒化妝，也一定要調整P圖一下才可放上。所以旅伴幫忙拍照的技巧尤其重要。

不論甚麼樣的角度，重點一定要把女生的臉蛋拍得瘦、表情生動自然、不反光變黑。至於後面的景色，有拍到就好了。

拍照片的重點，不就是為了紀念？在某天晚餐的茶餘飯後，突然拿出來驚豔全場。登不上檯面的照片早就消失在我的相機圖庫裡。

- **旅行 男生 觀點**

拍出能讓人感動的瞬間才是記錄拍照的本質，不論拍出來的畫面多麼驚悚或是難看，自然的表情配上情感的表達瞬間，才是一張值得紀念的照片。

大山大景的照片覺得假假的，總覺得和眼中看見的有所差別。現代人太依賴相機的修圖、顏色調整，將太多偽裝的圖片放上個人社交媒體，讓實際來到真實場景時少了點震撼感。

真要拍照，還是自然的就好。

6. 搭乘交通喜好

• 旅行 女生 觀點

能夠少走就少走，拖著行李上下樓梯是一件令人無法想像的事情。最好是一出機場、火車站就有司機接送，那種加長型的房車搭配超強冷氣，有司機提行李，並開啟那扇厚重的門。

在旅行中的任何時刻，都想優雅地度過，狼狽不堪的過程是最不想要的。

• 旅行 男生 觀點

最短的路徑不一定有最美的風景，可以多多探索不熟悉的交通工具。像是不小心走進小巷，意外受到掮客的邀請上車，半信半疑之中以為要被帶到危險的小巷前，順利脫身。

整個旅行的過程，常常有意想不到的收穫。記得某次在飛機上的爭吵過後，一下飛機進入阿根廷首都 Buenos Aires 機場大廳。無法忍受為了省錢拖著行李坐公車的女伴，在機場大廳幾近拳腳相向。

理智線斷掉的當下，我背上大包頭也不回地離去，留下她一人在機場大廳愣著。在憤怒之下坐上計程車沒有目的駛遠的同時，接到了她的電話，啜泣和哽咽讓我再度坐車奔回機場。

那時的車費昂貴驚人，但彷彿這一些都不是重點了。因為兩個人的旅行，如果只是想著如何讓自己過得好，另一個人不重要……這樣的想法，回到台灣以後，留下的記憶將會是那些無法讓自己開心的畫面，因為一個人的旅行走的久，但兩個人的旅行走的遠。

苦瓜終究是苦瓜，不會變西瓜的，你知道嗎？

↑

Couple point ,China：
追逐夕陽的人。

4.4 旅行是一場考試，二十四小時都在出考題

Traveler Test!

希望是堅韌的拐杖，忍耐是旅行袋，
攜帶它們的人可以登上永恆之旅。
——Bertrand Russell

對於兩個人一起長途旅行這件事，你一定要知道，那絕對和五天四夜日本京都大阪行，不在同一個等級。

旅行甜蜜期到旅行考驗期

一個月內的旅程只可算小試默契，挑戰的是雙方的脾氣。

過去兩人不同的生活習慣，在前十天都將無所遁形地滲入你倆蹦緊的神經。像是誰先擠牙膏、該從前面還是最尾端開始擠？女伴討厭男伴咬指甲，卻又無時無刻指甲咬滿地；不曾磨牙的女伴忽然間磨牙了；揹著大包出機場，價值觀不合的兩個人正吵著到底坐公車還是坐計程車？

這些小事前十天若都能挺住，那必須先恭喜兩位。你倆的粗線條已達到周遭人羨慕的境界，暫時放下他是妳的枕邊人這意念，解救不少旅行中的情侶。

「**回去就沒事了。回去就沒事了。回去就沒事了。**」常常這樣對自己說。

短短一句「我沒事了」，往往在一百天

↑
Traveler test ,China：
諾爾蓋高原藏族
天葬場四週的人們。

的旅行有事發生。因為一個月的旅程考驗於形，三個月的旅程考驗於心。

一對情侶、兩次遇難、三趟巴士、四目相對、五次飛行、六個月的人生練習。足以讓彼此對脾氣更加熟悉，那些「**早知道就……**」「**我就知道……**」「**妳是不是……**」的猜忌，在每次吃虧買貴、被騙被偷、挑撥離間，每天必定經歷的事後，重新檢核了倆人為何出發上路的心。

直到有天，倆人停止了心中的雜音，來到最平靜的時刻才發現。

「相伴的旅行無疑是一場人生的考試，而發生的所有事情都是為了譜一練習曲。」

每天一早起床，是兩人情緒練習的開始，發生的任何一件事情都有可能掀起內在狂亂的心，似蝴蝶效應將過去已修復好的破裂關係，沒由來地喚醒。

但很明顯的，這些考題都透過每天遇見的人、事、物給我們提示，答錯也好、答對也罷，總之那是我倆的事情。偶爾出現難解的複選題、或是沒有標準答案的問答題，都是很好的練習。首先我們來體驗，旅行中的嗅覺練習。

嗅覺練習

常前往大陸旅行的朋友一定略有所聞，上廁所不關門、三天不洗澡以為周遭的人都聞不到，是西北邊疆常見的景象。當臭味來敲門，連帶嗅覺引發的情緒也會來到。

記得剛到大陸旅行時，對於廁所的惡臭勉強能適應，想想不過就是環保節省不沖水，留給下一個人用。但阿摩尼亞的味道會累積，有時聞起來像下水道的沼氣，讓人每次上廁所時，都想叫旁邊的大叔別抽菸，因為哪一天就算出現一則「**西北廁所炸彈客無差別攻擊！**」這樣的新聞也不意外，重點是別在名單上出現了我的名字，被屎炸的報導感覺不太對。

仔細想想，在荒郊野外百公里內無人居住的地方，有間廁所就像荒漠中找到的甘泉。但旅程中最可怕的並不是百公里外的路邊廁所，是搭乘當地客運停經的休息站內廁所。

使用的人多，老闆一邊做生意一邊清理著時不易。於是乾脆挖了兩個深洞，以木板架高成一簡陋的遮蔽建築。進入的旅客若是急性子，最好如廁前三思，因為怕一失足直接掉進屎坑，一時不知到底該爬起還是不爬起才是。

若是你幸運的剛好在菲律賓學過當地人的跳竹舞（BAMBOO DANCE），那這裡絕對難不了你。但當你好不容易跨越橫溝站穩木板準備深蹲，這時的你將面對的是到底要用力或不太用力。

大力上下去，則必須小心閃過前一位的濺屎攻擊；不太用力下去，原本在屎坑的蒼蠅（紅頭蒼蠅）正伺機飛行。蹲的愈久，從洞中竄起亂飛的牠將與你共度難忘的處女飛行。此時，你的人生考題只剩下要躲避還是掉下去。

當思量過人生兩個深度的問題以後，整個狼狽的過程、夾雜著數句髒話咒罵，最後冒著生命危險完成的情緒將轉嫁到旅伴身上。

「**你知道，這是需要付錢的廁所嗎？**」緩和的風涼話一句。

我想，今天的晚餐肯定吃出一身脾氣。

【破解考題】

髒廁所壞心情，來罐綠油精。

學著不變惡鄰練習

世界遊走，住進背包客棧、青年旅館是省錢又方便的選擇，但那僅限於你倆沒有其他生理發洩的需求。

我說的發洩是公然吵架、拳打腳踢的那種。一間六坪大的房間裡，置放三到五張行軍上下鋪，躺下的空間不算小但鄰鋪的對話絕對是走共享模式。

好的鄰居不常有，通常那是一個沒人打呼、沒人在該死的半夜三點鐘入住、沒人無預警做搖床測試的美好夜晚。而惡鄰算是必備日常。因為對一對背包客情侶來說，這太容易達成。不用任何語言攻擊，只須剛吵完架四目相瞪的侶伴走進房裡，即達成家有惡鄰。

因為剛吵完架的情侶不用說話，也能讓空氣中的分子瞬間停止共振，儘管是白天習慣在公開場合你儂我儂、不管他人眼光的浪漫民族——南美洲人。此時也將被情緒勒索，自然的將身體收進那像船板的硬床，不再起興。

曾有人說情緒是雙向的。但我更準確地說，情緒它來自四面八方。不論是不是自己的情緒，只要在同一個空間場域有了生氣的情侶，那它將四溢到整個空間，毀滅和諧直到每

Traveler test ,China：
大理遇到沒房時，
克難一下
搭帳棚在湖邊也是一種練習。

個人情緒滿溢。

此時最好的方式是趕快離開現場，並學著與身邊的侶伴岔開話題。

「妳說，今天吃龍蝦鮑魚如何？」不切實際的問話通常有益身心。

【破解考題】

吵架的情侶連路人都怕，如果真想與其交友請選擇單人間雙人床。

殺價練習

「你好，請問這多少錢？」旅行每天的例行公事，就是用一個五分鐘前從旁人口中學到的陌生單字、片語，假裝很懂地學當地人買東西。

但說實話，每每買的便宜或昂貴都和你的語言能力沒關係。因為從奇怪的抑揚頓挫發音、加上彈舌音像滷蛋卡在嘴裡、還有每

次說出來時臉部右上角的眉毛抽筋，都能傳達給聽見後哭笑不得，但還必須勉強配合的攤販一句忠告：「**對，眼前的他來自外地！**」

也因此，兩人旅行不斷重複練習的習題有一處來自這裡。

想想看，在陽光明媚的菲律賓薄荷島渡假，某日一早起床眼睛睜開，兩人開始談論的是：「今早要吃甚麼好呢？」於是，男旅伴沒想太多跳下床，來到對街叫賣的無名攤販，用下樓櫃台剛教的菲律賓語買了一盒在台灣可能也有賣，但在國外吃起來特別香的雞肉串丸子。

男伴興高采烈地跑回房間，想好好讚賞自己用菲律賓語買了人生第一串菲律賓丸子，而女伴隨口一問：「**這樣賣多少錢呀？**」

「**五。**」男伴五指頓開，用掌心朝外得意的比出手勢。

「**5 Peso？**」女伴驚訝地露出崇拜眼神。

接著，聽到的是：「**500 Peso（換算台幣約八十三塊錢），便宜吧。**」

「**這會不會買貴啦，下次記得殺價。**」淡淡的一句回應摧毀了男伴的內心世界。

男伴無語，即將脫口而出的讚美瞬間轉為咒罵。但女伴不知道的是，「**一串雞肉丸子給當地人的錢，和給外地旅客的錢可能來到十倍貴！**」

所以，殺價練習是否就永無止盡、沒有兩方都滿意的方式呢？

就算殺價遍四方，連在長灘島換匯都能討價還價讓最後匯率增加一碼的我，長期觀察發現：「**買貴這門生意，重點不在眼前數字跳動的高低，而在當下是否有被寵幸、被花顏**

巧語、被說到心花怒放，現場斷了理性線撒手埋單。」

交易的本質，在於一來一往，各自喊著「自己覺得」可以接受的價錢，最後在兩方握手時完成交易。

就拿柬埔寨最知名的觀光區——暹粒 Siem Reap，吳哥窟的所在地為例。

在燈紅酒綠的夜市大街上，總少不了一攤攤賣著相同四色手環的攤位，質地相同、大小相同、甚至一看就可以知道從哪個孤兒院工廠所做。

來到這的世界旅客，總喜歡給自己加上幾項在地元素，而我們也不例外。

從經過的攤販口中，總能聽到不同的喊價數字，到底誰真誰假？於是我們靠向前，問了賣同樣四色手環的女老闆說：**「老闆，這手環好漂亮呀！是你做的嗎？要賣多少錢呀？」**

「這個，五美金！」老闆用破破的中文向我示好。

「哇！老闆的中文真好，發音好標準呢！不會是華僑吧？」睜眼說胡話的我面帶笑容。

「哪有，老闆，我們都跟你們學的！來來來，要不要買，算你四美金。」老闆步步進逼。

「我好想買呀！你看你看，你們家的手環真的好好看，跟別人的都不一樣。可不可以一個賣我一美金，我買四個。」馬上一記回馬槍。

老闆皺了個大眉頭，表示腦袋打結正想著對策，接著緩緩一句：**「老闆，這樣我無法賣你。」**表情鐵青，斬釘截鐵地說。

看見這表情後，知道一美金可能是進貨底線，此時我馬上轉換口氣：**「好吧，你們的手環真的很特別，不然一個一．五美金，我買兩個，湊整數。」**

Traveler test Cambodia：
在柬埔寨
是練習殺價的好所在。
↓

老闆再度皺了眉，但顯然比剛剛和緩許多，想必是可接受但想再多賺一些。於是說道：**「老闆，一個二美金可以。」**

接著，我迅速說：**「一．五美金，我買四個。」**再還沒等老闆回應前，馬上作勢要離開。

「ok！ok！一個一．五美金。」

老闆面帶笑容的說。

於是老闆開心賺到錢、旅伴開心賺到手環，而我，獲得了任務完成的成就感。

你說，是不是得了便宜還賣乖呢？

【破解考題】

如果真買貴了，可以找找那些金髮碧眼的老外聊聊天，因為他們買的絕對比你貴。

搭便車練習

在世界各地旅行，常常看見沿途的旅客

用大拇指四處攔免費順風車。（Hitch-Hike），一開始還以為這樣會不會不小心被歹徒載到深山，接著出現一起國際新聞。

但仔細想了想，若換做我是歹徒，光想到要執行這項深山任務馬上就出現了幾個疑問。

疑問一：天底下的人都知道，背包客就是銀兩帶不夠才背上包兒浪跡天涯，到底搶他能換到幾棟房子呢？想一想還是算了。

疑問二：背包客各個身強體壯，前後背包加起來 30KG 起跳，會不會在準備劫持上山時方向盤就已先被奪取，最後上山我無法脫逃，車子被搶去？想一想還是算了。

疑問三：運氣好載到了弱小女子，正準備行搶時，她的身上忽然間嗶音四起！完了，四周的人開始叫警察，最後我當場被壓制。

我想，這門搶案如此高風險、不划算，不如來想想，這麼多人為甚麼想要攔便車吧。就蒐集大江南北的背包們分享各種攔車怪招後，我才發現絕大部分的人攔便車實屬情非得已！？

這天，我從智利的巴塔高尼亞（Patagonia）北邊小鎮 Ancud 出發前往 Pinguineras（企鵝島）看不須太寒冷也能生存的麥哲倫企鵝。當我們興高采烈想著一早搭乘公車即可到達，不需花費高昂的計程車費時，加緊腳步沒想太多就準時登上公車，一路上將沿途風光都看盡了。

為自己人生劃下第一個企鵝里程碑後，正想著傍晚該是回家的時候。瞥了一眼以為看的懂的西班牙文地圖，好不容易找到唯一看懂的文字「BUSES」，但旁邊寫的世界通用時間竟然沒一輛公車是現在的時刻！？

手指算了算，離 Ancud 竟也有個二十公里，到底是甚麼樣的大眾交通能這麼不方便呀？一邊走著、一邊慢慢的大拇指開始抖動。只要稍稍聽見汽車駛來的聲音，不自主的拇指便自然舉起。

直到我像是先前坐車途中看見的攔車旅客，不知道離回家的路還多遠，但只知道接下來的旅程沒有人載不行，大拇指舉得更勤。

忽然間，一位年近六十開著藍色福斯的老爺爺，載著他的妻子駛過了我又倒了回來。低沉卻可能是這生最迷人的一句話「**Need Help?**」

我們，獲救了。

「**原來這就是路邊攔車呀？**」一派自然的我輕鬆嘆了口氣。

「**下次，可以別再不看時刻表亂衝了嗎？**」旅伴破涕為笑。

我想，大拇指順風車的旅程下次還是自己來吧。

【破解考題】

現代人迷路了就快點叫 Uber 吧。先搜尋當地的 Uber 相似系統，到哪都方便。

Traveler test Bolivia：
旅行中只有不斷的放下，
才能達到狀態平衡。
↓

Man Point！ 4.5

男人們注意，我看見的她其實是這樣的生物！

人生並不如想像的那麼美麗，
亦不如想像的那麼醜陋。

——Maupassant

以下文字純屬倆人旅行，男人日夜觀察另一半所流露的真情告白。如有雷同，肯定是你倆已在未來旅行的路上。

↗
Man PointMexico Cenote：
從天而降，
馬雅天坑像是
隕石給地球的禮物。

一位男人和一位女人的長途旅行，來到朝暮相處二十四小時的第一百六十八天。男人們每天最珍惜的，應該是上廁所那唯一能享受個人孤獨感的五分鐘。

據統計，成千上對的情侶、夫妻無法理解，為甚麼在台灣生活相安無事一年半載，而一趟長途旅行回來，感情急轉直下變了個樣？

輕則言語相對、中則拳腳以對、重則燒毀照片！？

一趟十日的男女旅行表露於情，倆人開始懂得彼此生活的不同；一趟百日的長途旅行考驗於心，倆人共同度過一次又一次的人生衝擊。

到底倆人的長途旅行中，男人觀察到甚麼？以下我邀請男讀者們共同來認識。

她，和我們想像中的不一樣，是截然不同的生物呀。

千百種不可思議的「謎樣不出門」

男人們要知道，女人不防曬不出門、衣服難看不出門、妝未畫好不出門，不知道甚麼原因，水逆心情不好也不出門！千百種不可思議的「謎樣不出門」，是再平常不過的自然現象。

自古以來，男人的誕生即被設定成狩獵模式，遇到危險時會舉起武器主動出擊。而女人的誕生即被設定成防護模式，遇到危險會主動告知周遭的群體，一同脫困。

這也是為甚麼男人身體構造較為壯碩，而女人嬌小卻也透過智慧及語言生活到現在。

記得在新疆喀什的第一天入住，我一下榻就莫名的興奮想到四處尋找樂子，但怎麼教唆都無法影響女伴的決定。

她說：「**我想休息了。**」

天啊！那是一個剛過午飯的晌午，大好時機來到當地稀有的「牲畜交易所」觀看不同家禽在這交換的奇景。

我二話不說，安頓了包和旅伴，一個人獨自坐上不知道駛向哪兒的公交車。看見試馬師練跑馬兒，金主們在一旁彼此喊價，最後握手表示交易完成。

總是無法平復在落地時的那場吵架，「**為何妳不想出門？**」

沒來由的旅途終止，並不代表旅程上沒有收穫。

在日月星空的每日照耀下，男人們想要的是下一步怎麼走，因為誕生時我們早已被植入一項「向未知探索」的神祕指令。沒有指令，渾身不對勁。

女人們，守護著星辰日月下的萬物，沒有危險，何必主動去碰觸危險呢？

如果類似的事件也在你們相處的路上發生。不要慌、不要忙，停止發脾氣先想想：**「現在到底是趕著度假，還是趕鴨子上架？」**

你不知道女人是來自星星考驗你的嗎？

生理期和爆食期呈現正比關係

每月ＭＣ來拜訪的她，和平常的她不是同一個樣。

如果你的她平常是「**天真、可愛、好動、小鳥胃吃不多**」，那每個月的這幾天，請將以上特質畫個相反號。

也許用對比的方式，可以更貼近真實的情景。以下是ＭＣ來的她，與平日的她簡易比較：

平日女：個性溫和，善解人意。

ＭＣ女：脾氣暴躁，吞噬所有。

平日女：小鳥草食胃，一倍肉量。

ＭＣ女：無底黑洞胃，十倍肉量。

平日女：容易入睡，不影響夥伴，一覺到天明。

MC女：難以入睡，體溫過高，善招蚊，會將男伴搖起星空夜語。

平日女：行動力正常，上山下海沒問題。

MC女：活動力下降，身體喘弱，當男伴如平日活蹦亂跳東奔西跑的時，她正準備關機睡覺。

平日女：擅聊天，話匣子主動開啟。

MC女：不理人，對你的笑話不苟言笑。

當MC來時，男人最好識相點。主動獻上暖毛巾及關心語氣是最佳選擇。若你是放不下形象的男人，可先瘋狂餵食後再迴避。

旅途還有很長的路要走，一個月就一次，先過了再來「好好說」。

吵架難免，但請先別隨意幫陌生女子拍照

女人的第六感好比外星人的心電感應。不論你的人在哪，想做甚麼，不想做甚麼，這些都能成為完整的心電頻率。只要她選擇打開。

你說在甚麼情況下，女人最容易與此頻率連上線？答案就是：**「剛吵完架到和好的過渡時期」**。請注意，此時此刻男人們的一舉一動，不論是摸鼻捎頭、抖眉弄眼、假好裝笑，

Man Point Mexico Palenque：選一處風景好好坐下來，因為你值得。

都將收錄在她的天線之中。

男人總是天真的以為，吵架以後在路邊逗逗小貓，做個好人替旅行中同車的女人拍拍照、到家裡修修電腦沒甚麼大不了。但在男人傻笑準備替另一個她按下快門的前一秒，女人的理性防衛神經已瀕臨斷裂。

說確切些，男人的外表也許可以偽裝，但天生的野性荷爾蒙卻是隱藏不了。對男人來說，吵架轉身離開伴侶的下一秒，就自個兒給自己胡亂宣佈了單身，散發的荷爾蒙自然也就不一樣。

但重點是，吵架完其實不代表結束呀。你不知道美俄冷戰時，地面戰爭降火，但都轉向了情報戰嗎？在平靜的外表下透露出狩獵的微笑，在恣意的拍照倒數聲中聽見愚蠢的上揚。

我說，男人呀，就是如此天真又單純可愛的動物呢。

洗澡不是打仗

很多男人都不是很了解，為甚麼女人一進廁所洗澡就沒完沒了。短則，三十分鐘；長則，男伴躺在床上都睡著了還等不著貴妃出浴。

老實說，有時候連女人都認為自己不是好懂的生物，但男人們有必要先知道為甚麼她要這麼做。

絕大部分的男人都沒想過，男生、女生洗澡最大的不同「不在於時間的長短，而在於清洗的步驟。」

在許多男人的世界裡，洗澡就是一場速戰速決的戰鬥，全身清洗乾淨即可。最好是上、下一個步驟，一瓶MAN-Q嚕到底三分鐘完畢。洗澡時間越短，意味著男人的手腳俐落，先奪下這場戰爭。

但男人你可能要知道，**洗澡對女人來講並不是場戰鬥，而是一天一次的進場維修**。而它也有個標準化流程步驟（SOP）：

在還沒沖洗之前，要卸妝洗臉；頭髮洗淨之後要護髮搓揉；好不容易全身洗淨過後，要再用乳液全身按摩；回到床沿以後，手邊不忘拿檸檬面膜敷臉；最後在夜深人靜男人已睡眼惺忪，打開吹風機洗滌快要進入夢鄉的男人耳朵。

男人們可知道，你和她的所謂洗澡有多大的不同了吧。

愛花錢不是女人的天性，愛漂亮才是

常聽人說「**沒有醜女人，只有懶女人。**」這句話在整容風氣盛行的時下更是毫無遮掩。

想想坐上人潮擁擠的下班時刻，傍晚六點鐘台北捷運藍線，你好不容易擠進沙丁魚車廂裡，但離門口太近雙手懸空沒得握。接著隨列車左擺右動，突然間列車長轉彎急煞車，而你順著作用力與反作用力的指使，下盤不穩近乎摔到地上。就在此時左手保護機制到抓住了左邊乘客的假胸，而右臉撞上那高挺的人工鼻。

「**不好意思，不好意思。**」失禮了。

但說到底，生活在條件優渥的台灣市區，已經找不到一位醜女人。因為女人總是可以找到方法妝扮自己，讓不醜變得更美麗。

但對於出外旅行手頭緊縮、餐風飲露的窮遊女人呢？她們會因為沒錢而使之前的假設都不成立嗎？

一百六十八天的日夜觀察，男人實證研究指出：「**愛漂亮是女人的天性。**」在沒有錢的情況之下，她們依然有辦法找到保有美麗形象的方法。

在路邊攤不是隨意逛逛，是跟在地人聊天調查最在地的天然保養品，像是緬甸的Thanaka把自己臉上塗的白白的。偶然路過百貨公司專櫃，假借聊天其實是順道塗抹高級保養品。在外旅行時間太久，指甲油掉色剩一半，來去地下街美甲行試用五顏六色的試用品。從台灣出發超過半年，每日衣服單調沒變化，深入當地傳統市場（維族巴扎）試穿試戴漂

Metro Chile,
Valparaiso：
百慕達三角洲上的海島，
是個美麗的錯誤。
↓

亮絲巾拍照上傳。

生活的節奏快慢、手邊旅費還剩多少，影響力遠不及她們對自己專注在美麗上的龐大自信。

一百六十八天的倆人長途旅行，我身為一個男人，鄭重的對即將帶著女伴旅行的男人們說：**「女人的外在光彩是男人的門面（臉），聰明的你，為甚麼要跟自己的臉過意不去呢？」**

以上，我的女伴都沒這麼做，請相信我。（鼻子變長）

Women Point!

4.6 女生們看過來，遇到這樣的男人趕快打包，旅行帶走！

世界上有很多可愛的女人，
沒有一個完美的女人。
——Hugo

原文撰寫人：陳冠諭
重編撰人：徐銘遠

↑
Woman Point USA,
Santa Claus：
聖誕老人的故鄉。

這個題目好像有一點自肥的嫌疑，但絕對是誠懇不私藏，分享給在旅途上的你們，或是準備上路的你。

聽過我們相遇故事的朋友，我都會鼓勵單身的人常給自己「**一個人的旅行**」。一個人出發，兩個人回家。

當然，選擇男朋友或是另一半不是條件一一比對的是非題，另一半除了「人品」要好之外，其它例如：價值觀？用錢的態度？準時與否？喜歡吃好料還是喜歡住大酒店？

在旅途上透過瞭解或觀察，讓彼此知道適合的地方是甚麼特點，如果是已經交往的情侶，旅行是很好發掘對方優點的機會。

玩美男人：十個非愛不可的理由

1. 控制旅費預算

男伴曾經跟我說過：「我們旅行的每天都跟錢有關。」

這句話聽起來實際又中肯，朋友從臉書的照片中，常常稱讚我們能拍出美麗的風景、燦爛的陽光和微笑。

但旅行每天的過程其實絕大部分都在想住哪裡？吃甚麼？怎樣才能省東補西？這時，

預算的控制就十分重要。控制好的話，能用最少的預算玩到最多的景點；太常不小心手滑灑錢，不用一個月馬上可以訂機票回台灣表示玩完。

你的男伴省錢是不是省過頭，連兩毛也討價還價？還是每天當大爺，沒收入卻莫名的能刷爸媽的卡，不需負責任？

【玩美男人隨手筆記】

愛旅行的男生會有每日預算規劃的習慣，每次的花費都經過思考。最重要的是每晚記帳，最後將省下的一大筆錢回饋給旅伴，繼續下一段旅程。

2. 完整旅行計畫

旅行計劃不是要每日按表操課，但卻能夠隨時有所預備。

規劃旅行細節包括交通、路線安排、預計停留天數、可參觀的地點……等，事前打聽並知道大概的費用，才不會一上車就被當凱子，被削了三倍價還嫌太少。

而男旅伴的計劃表是以「日」來算，搭配記帳表並每天有所調整。事先知道當地物價，將每日的最高提取上限修正，讓旅行更加順利。

像是在大陸旅行時，因為景點跟景點的距離太遠，所以常常在路邊被攔截，詢問是否要包一整天的車參觀。但價格從一百~五百人民幣都有，到底服務差在哪兒？

為了推估合理費用不讓司機亂開價，馬上藉故詢問了當地汽車加油費用，並透過公哩數去推估計算，最後出來的費用連司機都讚嘆內行，結果還真的降價給我們。是不是真的

很會殺價！

【玩美男人隨手筆記】

愛旅行的男生會細心打點全部，在尚未長途旅行前，會將計劃印出來給雙方家長，讓彼此安心。

3. 不用語言也能耐心溝通

旅行的國家一多，就發現語言能力似乎沒那麼重要，認識很多在旅行的朋友其實英文也沒有很好，依舊東奔西闖穿梭在歐洲各國。

不管旅行計畫多麼縝密，遇到問題才發現英文好其實沒用，最重要的是知道怎麼溝通，不論是比手畫腳、用唱的……都好。

在旅途中，發現花最多時間的就在溝通彼此對同一件事不同的感受。願意花時間跟對方溝通達成協議、願意敞開心胸去瞭解對方想要表達的想法、願意漸漸培養出溝通的耐心，願意傾聽。

我想，這要求應該不會太多吧。

【玩美男人隨手筆記】

愛旅行的男生願意花時間溝通，因為在旅行路上太多突發狀況，太多意想不到的事件，只有理解和調整心情才能繼續前進。

4. 簡單拍出不簡單的照片

愛拍照的人不一定愛旅行，但愛旅行的人肯定懂得攝影。旅人愛拿的不一定是專業單眼相機，光是透過手機也能拍出僅屬於旅人的視角及心情溫度的美麗風景。

在旅行的過程中，絕大部分的照片都是由男伴掌鏡拍攝，雖然不一定專業，但看著他每次運鏡的動作，用手示意微微調整我的動作，每個按下快門前的倒數321，都成為印象中美好的畫面。至於照片，不喜歡再刪除就好啦。

【玩美男人隨手筆記】

愛旅行的男生一定懂得用照片把妹，藉由傳照片給對方而取得的電子信箱或臉書，當下完成最自然不過的美麗邂逅。

5. 力氣大，可吃苦

背得起六十公升的大包加上三十公升的小包是基本條件。能偶爾在飛機場打地鋪過夜；迷路時一走就是近二十公里的柏油路求救；買不到車票時頂著烈日在路邊求搭便車，甚至背起走不動的女友。

【玩美男人隨手筆記】

愛旅行的男生體力通常不會太差，裸體的時候有沒有人魚線就不在這次討論範圍內，

↑

Woman Point Mexico, Tula：
馬雅遺跡復活儀式。

但在你走不動、背不動、甚至不想動的時候，他們都會負責一肩扛起。

6. 花時間陪伴對方

倆人出去旅行，常常有爭鋒相對的情景發生。好不容易來到世界奇觀的前方，但卻怎樣都開心不起來，到底是哪裡發生了問題？

我想，是對於旅途上的重點分配錯了。

倆人旅行，30％是旅途風景、20％是在地交流、50％在探索身旁旅伴的脾氣。想要給自己一段美好的旅程，那先對身旁的他多瞭解一下。

【玩美男人隨手筆記】

愛旅行的男生懂得花時間陪伴另一半，他會找到一份有彈性又賺得了錢的工作，因為比起工作他會更想帶你去世界看看。

7. 謙虛且尊重自然

某天躺在沙發上看電視，不小心轉到正在播放的「原始生活21天」這節目。精彩的節目內容外，竟發現主持人能靠自己的求生知識，抓取各種有危險性的動物做烹煮。

由於節目的安排，好幾天沒進食的他，在過度飢餓的狀態下殺了許多小動物以填飽肚子。但在動物斷氣前，主持人總會先感謝此刻的動物。犧牲了小生命來換取自己的生命得以延續。

在看盡了世界美麗的奇景，攀爬上無數座的高峰，體會各種大自然的美妙，我敢說出現在眼前的都不是巧合。

【玩美男人隨手筆記】

愛旅行的男生上山下海都懂得尊重這片土地，並感謝神美好的創造。

8.有聽不完的故事，總不無聊

記得小時候最喜歡聽幼稚園老師念故事書給我聽，每次聽到充滿冒險及未知的故事時，就會張大耳朵仔細聽，怕漏掉了精彩橋段。

但我發現，愛旅行的他們不用看故事書，腦中卻總有一堆離譜、爆笑又不可思議的故事等著被翻閱。

記得之前在大陸旅行遇見了一位驢友，聽他說著徒步翻過兩座高山，接著險些而被狼搭肩、三天只靠一枚小餅乾果腹，最後因為過於飢餓，用背包做陷阱抓土撥鼠吃的故事。活到這把年紀，還真不知道怎麼設陷阱、土撥鼠吃起來的口感如何、最後怎麼找到村莊獲救？

聽完雖然覺得嘔吐感十足，卻又發自內心佩服。

「天啊！你都怎麼活過來的？」

【玩美男人隨手筆記】

愛旅行的男生故事越是離譜感覺就越真實。

9. 保護旅伴

三百天以上的旅程中，被騙、被搶、被偷難免。重點是人沒事都好。為了保護自己和旅伴，除了別太相信人之外，被欺負的時候也要勇於抵抗。

有一次，我們在新疆旅行遇上十七年來最大的沙塵暴，凡是路上的大眾運輸系統都得停止，不然等著火車被吹翻。

很不巧的，我們的飛機十二小時內就要起飛，但我們竟被滯留在離境都市一百二十公里遠的吐魯番。無可奈何，硬著頭皮我們雇了一輛計程車強行通過沙漠，但最後還是沒有成功，回到了原地。

此時，趁火打劫的司機，竟當下收取了一筆不合理的費用，眼見事情一發不可收拾，我們透過智慧取回了大包，並趁機離開了車裡。

就在這時，我的包因為太過笨重，被司機從後面拉了下來，屁股一整個蹬在地上，當下生命有了危險。

好在男伴即時推開他，在大街對著司機破口大罵，引來許多街上的人潮圍觀，才成功脫離困境。最後搭上可通行的火車離開。

旅程充滿未知，但旅伴給了很大的安全感。

【玩美男人隨手筆記】

愛旅行的男生該硬的時候就硬。

10. 照顧自己也照顧別人

收行李、洗衣服是每旅行一城市最痛苦的事情，但這點旅伴做得十分到位。旅行久了，他能將每天該處理的事情井然有序列下來，知道甚麼是需要，甚麼是必要，甚麼是接下來路途該帶好的平安藥。

男旅伴有一個固定的旅行盥洗包，裡面有沐浴乳、洗髮精、甚至洗衣粉、漱口袋，不論何時何地，都能把衣服洗了，甚至女伴的內衣褲也不例外。

【玩美男人隨手筆記】

愛旅行的男生不完全一百分，但可以確定的是，在路上跌跌撞撞、學習、看見、體驗、絕對經歷過不少大場面。遇到事情能鎮定處理，遇到不合理的要求也會表達不滿。

跟愛旅行的男伴出門，走到哪都不愁吃穿。

↑

Woman Point Mexico,
Teotihuca：
不用看書也能講出世界古文明的
作者一景——太陽金字塔。

歸來。

To be continued
NEXT PHASE

歸來

世界，
由遠而近，
在腳下

每段冒險旅程都是一個創業的開始

生命是長期而持續的積累。

——彭明輝

Tobecontinued Antarctica：
南極冰洞。
↓

不要懷疑，你一定染過這種病——「未來無限可能」遭遇症候群。

一位旅行者的自白，大多從踏進所謂「家鄉」國門的那一刻起，開始呈等比級數攀升。

「你知道嗎？在埃及旅行千萬不要在RAMADAN（齋戒月）時候去，因為他們從早到晚連進一滴水都不行，在路上喝水時要特別小心！」

「我跟你說……在墨西哥旅行的夢寐以求奇景，竟發生在那一晚我住的背包客棧房間裡。每位女包包洗完澡一絲不掛躺在床上的不可思議畫面，我差點覺得我是否抽中總統套房……」

「英雄事蹟說不完啦！想當年在智利的沙漠公路上，我被搶匪用槍指著，哪裡都不能去。就在四處求救無人的情況下，我死命擺脫逃到了沒有方向感的大漠之中……」

那些曾敘述過偉大故事的說書人，總有一種穿上《國王的新衣》般的感受。

因為……

聽故事的朋友們，聽得如入夢境，但他們始終看不見國王的大衣；更衣的國王（旅者）說得口沫橫飛，但內心總知道，最適合國王的那一套衣裳，只在踏上世界的路上才穿得上。

迷戀於早上醒來身處異地的夢境感；上癮迷失在看不懂的城市地標中；複雜的兩人心情，從搭乘交通工具意見不合，到情緒上來不小心拋落了另一半；這些我們可能早已染上的「未來無限可能」遭遇症候群，都在腳邁出國門關口的瞬間，感受到一股暖流包圍上來，心跳頻率開始驟升，腦袋的思緒瞬間綻開，眼睛明亮了起來。

說到這，也許你們也跟我有了一樣的感受，是嗎？

恭喜你，歡迎來到國王的新衣世界！

解藥

每每出國回到家鄉的旅人，都紛紛在尋找解決症候群的藥方，但自己給自己的藥方總不出**「要不再瀟灑走一回吧！」**、**「下一次的旅程是甚麼時候？」**這樣習慣每天讓自己仍活在「旅行既視感」的舒服感。

回想旅行剛回國時，我也碰上了這項難題，日日夜夜朝思暮想，總無法找出擺脫症候群的解藥。好在回國不久，熱情的親朋好友邀約中，我猛然發現藥方竟藏在每次見面聊天時的魔鬼細節中。

「喂，環遊世界回來了你要做甚麼？」

「錢燒完囉？還有要去第二趟嗎？」

「夢想是殘酷的，回來面對現實吧。」

每次見面的第一句，總不出這刺耳卻又中肯的百分百去到心裡的三句話。也許是葡萄尚未成熟，但歸國的遊子還沒準備好就已經面臨被酸醒的危機！幸運的是，在酸林彈雨灑向我以前，一位旅行大師的偉大預言救了旅行者的浮世眾生。

「每段冒險旅程都是一次創業的開始。」

回到未來的世界裡，回眸一看我才知道。

「大哥說的永遠都是對的。」

來去逢甲夜市賣 TACOS！

回到台灣的第一年，我「乖乖聽話照著做」立馬著手了人生第一個創業。

但可能是當初大師的話只聽完一半，就迫不及待關上耳朵，還是大師真沒告訴我：

「90％的創業都在前三年告終失敗。」

記得在阿根廷旅行時某次的心血來潮，偶然撞進一間外觀宏偉、內裝古典，挑高三層樓、內有木色階梯，跳上閣樓可以窩在角落看書、或躺或坐、或臥或滾的迷人書店中。

正臥躺著看書時，突然想到遠在幾萬公里外的老家書架上，好似少了本異國食譜，於是二話不說就買了本**《製作莎莎醬的一百種方法》**。

它精裝厚實、內容精彩、圖文俱佳，才翻到第二頁，味蕾馬上就與大腦的化學因子產生味覺刺激。仍美中不足的是：**書裡的字裡行間寫滿的是西班牙文**。

因此開啟了我立志要讀懂西文的美食尋根之旅。

「咦！原來南美洲人是酪梨愛好者。」「每位老闆心中都有一罐最美味的莎莎醬。」

某天，我飄盪到墨西哥的街頭時，赫然發現一道不論走到哪，都能吃到哪的當地小吃

——TACOS！

這是一道看似簡單，卻又細活的料理。一片薄若薄紗的玉米餅，疊上現切燉熟的豬後腿肉，再淋上一小撮紅綠交織的番茄莎莎醬。

咬下的第一口，不得不背著眼下這食物可能威脅到美麗島國、聞名世界的小吃王國封號的地位，我還是手舞足蹈用了墨西哥人最擅長的好吃手勢，再加上尾音彈舌！

「**Perfecto!**」（西班牙語：完美）我知道就是它了。

帶上《製作莎莎醬的一百種方法》一書及封存在舌尖上「味蕾的記憶」，我回到台灣開始著手這不可能的任務。

你能想像一位曾以藥缽維生的書生，現在拿起了菜刀、刮刀，緩慢彈奏起大刀小刀落玉盤的美妙樂章嗎？

啊，沒提到的是，在觀看十遍二十遍後我竟然看懂西班牙文了。就在我好不容易學會中筋麵粉和高筋麵粉的混合比例、燉肉的火候祕訣、切絲切丁不同紋理的方法，以及忍痛切到手，徹夜踏查逢甲夜市攤位的種種謎團……等這些必須克服小吃創業的各項瑣事後。

某天晚上，一位好友來到我新科 TACOS 廚師的廚房，吃進一份有五個的主廚特製 TACOS。在中島檯前，一段擊潰美食巨人的話語從口而出：「**嗯，好吃是好吃沒錯，但為甚麼第一個、第二個……到第五個 TACOS 味道吃起來都不太一樣？你有吃過逢甲阿郎雞排炸出來的每個味道都不同嗎？**」

闔上眼睛，症候群的感覺好像又回來了。

obecontinuedCambodia,
kohlon：
鮮少人知的原住民島探險。
↓

創業人生

「**90%的創業都在前三年告終失敗。**」這句話其實尚未完結，頭洗了再抬起來依舊可以是那一年瀟灑的男子漢。

但在頭洗了，決意拋下藥師袍子，走過一年起起伏伏顛簸的創業路後，我才發現原來上面提的創業失敗名言，竟還有更令人心灰意冷的下一句！？

「**沒倒過三家公司，不要告訴我你在創業。**」一位開了五間公司的老闆侃侃而談。是說，創業到底招誰惹誰啦！？

潘朵拉盒子

耶穌說：「**有人打你的右臉，連左臉也轉過來由他打。**」

在創業這條路上，當有人輕視、藐視、不屑你的時候，你要知道它的價值永遠在初衷。我很感謝「世界」在我旅行時，沒有輕易放棄我，反倒給了我許多人生禮物。

住進中國新疆納拉提草原的哈薩克民族家裡，三天沒洗澡，頭癢到不行，但我讀懂了遊牧民族天地共處的精神。

走在智利首都聖地牙哥的唐人街上，一位西裝筆挺頭戴黑色高帽的男子，緊迫盯人，不論走到哪都尾隨在後，於是我受不了猛然轉身，對著遠在五公尺外柱子後方的黑衣人，

Glacier Argentina,
Chalten Glacier trekking.

比出「I AM WATCHING YOU!」的挑釁、手勢，接著下一秒收到回應的手勢，竟是好萊塢場景的007電影畫面！

黑衣人右手做勢往西裝內裡左側伸，隱約露出一半的黑色手槍。這時候我腦袋一片空白，拔腿就跑！幸運的是黑衣人因為人潮擁擠並沒有追上來。

與其說，旅行發生的事是人生的經驗禮物，不如說是希臘神話裡的潘朵拉盒子，它帶給了我們遇到困境時一次再一次的「希望勇氣」。

從來到逢甲賣TACOS，到創辦台灣深度旅遊「玩島達人」，和尚挑水兼撞鐘，戶外探索、駕車、登山、招攬、網站製作宣傳樣樣來，到擁有四個品牌、兩間公司、六道斜槓的多方

位人生。

我發現在創業家的世界裡，有好的想法的人很多，但真正能實踐想法的並不是那些灑大把銀子，翹著二郎腿坐享其成，讓員工來敲門的企業家們。

而是那些每天一早起來莫名被「願景興奮感」喚醒，旋體翻身查看手機——「**今日的行事曆：無**」，卻也能馬上跳下床，在零點零幾秒與地面接觸的同時，靈感電流竄滿全身，接著一出門就是一整天，一群靠願景就能過活的創業者們。

你說，這樣的說法很科幻，有沒來個靠譜的實證？

我一手帶大的「**TC TIME WALK 台中時空漫步**」，恰好就能說明這一個巨星的誕生。

TC TIME WALK 台中時空漫步

在亞洲的旅遊還盛行於上車睡覺下車尿尿的 OLD-SCHOOL 旅行年代，歐美各國早已興起一系列無國界旅遊的新趨勢概念。

不須專人幫你預約、沒有繁瑣的金流收費系統、更不會出現「剛好」來到兩百坪的玉市賣場，說是下車到最裡面上個廁所，一出來就備受包圍，東一句西一句「**好的玉可遇不可求**」，這樣的畫面。

反之，只有一句 EXPLORE OUR CITY，一條就算英文再差、點菜也不會的旅客，也能輕易看懂的基本單字。

「集合時間：早上十點。集合地點：武器廣場」

沒有所謂中國大陸人看見就瘋狂的 QR CODE，只有固定的時間、地點，與歡迎世界旅客共襄盛舉認識這個城市的在地人導覽組織——WALKING TOUR。

不瞞你說，我們的旅行因為它有了不同。不再黏著於L牌的旅遊攻略書，因為上面推薦的餐廳飯店在 GOOGLE 大神的協助下都能得到解答。來到觀光景點說要拍照，不如說是與這輩子八竿子打不著的大媽們來張大合照。

世界各地的城市導覽（WALKING TOUR）藉由一群接地氣的熱情在地人們，用詼諧幽默、深入淺出的解說方式，帶旅客遊盪在城市裡的大街小巷。不論是建築、市場、人文、美食……等一覽無遺的介紹像是一本旅行口袋書。

不同的是，他們在結束後將變成你的城市新朋友！

不只解決旅人在旅行時，不知該如何做功課，甚至也治癒了手機怕露白拍照，下一個轉角就不復存在的南美洲失竊恐懼感。

回到台灣，腦袋仍停留在旅行狀態的我心想：台灣這麼一個國際性的國家，應該也有這樣提供世界旅客在地旅行的服務吧！

沒想到全台灣大搜尋後，發現只有台北有零星幾個英文服務團隊，其他縣市皆掛零。換句話說，外國人若要深度認識整個台灣，除了跟團別無它擇啦！

於是，在沒有過多資金、沒有成熟經驗、更沒有富爸爸的我，僅憑「**全世界的城市都有，台灣不能沒有**」的想法，與開創的另外三位夥伴開始在臺中執行起這項前所未有的新任務。

三年過去了，我們成了那1%的佼佼者。TC TIME WALK台中時空漫步截至今日，瀕臨倒閉兩次，人員重組三次，轉型經營兩次，全英文導覽人員培訓二十三次，最大服務規模兩百人，已培訓可服務導覽人員二百五十人，曾接待台灣外交部國外貴賓，臺中市政府文化局、觀光局、水利局、都發局等官方各級機關貴賓，參與臺中世界花卉博覽會的相關計畫，台灣各縣市大專院校導覽課程訪查學習，國高中校外教學教材之一，國內外自助旅行全英文服務人次五千人以上。

上一次，懵懵懂懂的我用一年的時間，探索了這個無垠的世界，它透過世界各地美妙的風景、不同膚色、不同種族的在地人告訴了我。

這一次，我想讓世界來到我的家鄉——台灣，探索這塊十六世紀葡萄牙人稱為「福爾摩沙」的島國。不同的是，漸漸淡忘過去的我們，已不太認識我們自己的家鄉。

而我，用當年世界賜予我的禮物種子，像諾亞收到鴿子剛遞回來的新枝，散播遍佈我的家鄉——Taiwan。

感謝那一年世界告訴我的事，以及那一年與我共度患難的旅伴。

↑

Tobecontinued Mexico：
你好，我是旅行創業家。

【渠成文化】Pretty life 013

倆倆
那一年，我在世界遇見的兩人旅行事

作　　者　徐銘遠
圖書策劃　匠心文創
發 行 人　陳錦德
出版總監　柯延婷
執行主編　李亞庭
編審校對　陳沛姍、蔡青容
封面協力　L.MIU Design
內頁編排　邱惠儀
E-mail　cxwc0801@gmail.com
網　　址　https://www.facebook.com/CXWC0801
總 代 理　旭昇圖書有限公司
地　　址　新北市中和區中山路二段 352 號 2 樓
電　　話　02-2245-1480（代表號）
印　　製　上鎰數位科技印刷
定　　價　新台幣 380 元
初版一刷　2021 年 6 月

ISBN 978-986-06084-0-3

國家圖書館出版品預行編目（CIP）資料

倆倆：那一年，我在世界遇見的兩人旅行事 / 徐銘遠著. -- 初版. -- 臺北市：匠心文化創意行銷, 2021.06
面；　公分. --（Pretty life ; 013）
ISBN 978-986-06084-0-3（平裝）

1.遊記 2.世界地理

719　　110000394